PFERDE UND PONYS

Das neue kompakte Bestimmungsbuch

Caroline Ball

KÖNEMANN

A Quintet Book

Published by The Apple Press
6 Blundell Street
London N7 9BH

Reprinted 1995

This book was designed and produced by
Quintet Publishing Limited
6 Blundell Street
London N7 9BH

Creative Director: Richard Dewing
Designer: Steve Humfress
Project Editor: Katie Preston

Original title: Identifying Horse and Pony Breeds

© 1997 für die deutsche Ausgabe
Könemann Verlagsgesellschaft mbH
Bonner Str. 126, D–50968 Köln
Redaktion und Satz der deutschen Ausgabe:
Königsdorfer Verlagsbüro, Frechen
Übersetzung aus dem Englischen:
Birgit Lamerz-Beckschäfer, Datteln
Druck und Bindung:
Sing Cheong Printing Co. Ltd.
Printed in Hong Kong
ISBN 3–89508–508–1

INHALT

EINLEITUNG

Pferde sind schöne und sehr hochentwickelte Tiere. Über die Ursprünge und Abstammung der verschiedenen Rassen und die Geschichte der Pferdezucht zu reden verlangt ein fundiertes Wissen, nicht zuletzt deshalb, weil sich im Laufe der Jahre eine eigenständige Terminologie herausgebildet hat, mit der die körperlichen und mentalen Merkmale von Pferden und Ponys beschrieben werden. Die Kenntnis dieser Begriffe ist Voraussetzung für das Verständnis der nachfolgenden Kurzbeschreibungen.

DAS EXTERIEUR

BEGRIFFSERLÄUTERUNGEN

Das Interieur bezeichnet die mentalen und geistigen Eigenschaften eines Pferdes; das Exterieur bezieht sich auf das äußere Erscheinungsbild des Pferdes. Für Zucht und Reitsport ist es von großer Bedeutung.

Stärke, Lage und Winkelung der Knochen machen die Statur eines Pferdes aus. Mängel in der äußeren Beschaffenheit schränken den Gebrauchswert des Pferdes meist ein; eine allzu steile Schulter führt zum Beispiel dazu, daß ein Pferd weniger gut galoppieren und springen kann als ein Pferd mit schräger Schulterlage. Stellungsfehler dagegen beziehen sich auf den Bau von Gliedmaßen und Hufen. Bei einem gutgebauten Pferd stehen die Extremitäten von vorn oder hinten gesehen genau senkrecht, oft kommt es jedoch zu Abweichungen. Stehen die Hufe zu nahe beieinander, nennt man das Pferd bodeneng; stehen sie zu sehr auseinander, heißt es bodenweit. Bei einwärts gedrehten Hufen steht es zeheneng, bei auswärts gedrehten steht es zehenweit. Ein hinten O-beiniges Pferd nennt man faßbeinig, eines mit einwärts gedrehten Sprunggelenken kuhhessig.

Bei der Form und Neigung der Fessel unterscheidet man neben der normalen eine zu lange oder eine zu steile Fesselung sowie eine stark abgewinkelte, sehr verschleißanfällige Bärentatze.

Die Stärke, das Gewicht und die Tragfähigkeit des Knochenbaus, vor allem der Extremitäten, bezeichnet man als Fundament. Es ist Voraussetzung für den Muskelansatz und insofern entscheidend für Kraft und Belastbarkeit des Pferdes.

Die Proportionen des Pferdekörpers bezeichnet man als Rahmen. Großrahmig ist ein Pferd, das von der Seite lang und von hinten relativ breit ist. Kleinrahmige Pferde haben meist zu wenig Fundament.

Das Verhältnis zwischen Rumpflänge und Widerristhöhe ist das Format. Man unterscheidet hier unter anderem Quadrat- und Rechteckpferde; ein quadratisches Pferd hat oft wenig raumgreifende Gänge und ein begrenztes Springvermögen, ist aber leichter auszubilden und an den Zügeln zu reiten, während ein rechteckiges Pferd sich besser zum Springen und für Rennen eignet.

Das Kaliber ist das Verhältnis zwischen Widerristhöhe und Gewicht. Bei gleicher Größe unterscheidet man schwer-, mittel- und leichtkalibrige Pferde, je nach Körperbau und Masse. Bei gleichem Gewicht bezeichnet man das leichtere als klein-, das schwerere als großkalibrig. Mit Gurttiefe oder Gurtentiefe ist der Brustumfang an der Stelle gemeint, wo der Sattelgurt aufliegt.

Der Rücken des Pferdes ist für den Reiter von großer Bedeutung. Er sollte kräftig bemuskelt sein und in einer harmonisch geschwungenen Linie verlaufen, kann aber auch relativ gerade sein. Ist er konvex durchgebogen, spricht man von einem Senkrücken, im Extremfall von einem matten Rücken, bei einem konkav »aufgebogenen« Rücken dagegen von einem Karpfenrücken.

Bei den Kopfformen unterscheidet man den geraden Kopf vom konkav gebogenen Rammskopf, der Rammsnase, dem Keil- oder Schweinskopf und dem (beispielsweise für Araber) typischen Hechtkopf mit konvexem Profil.

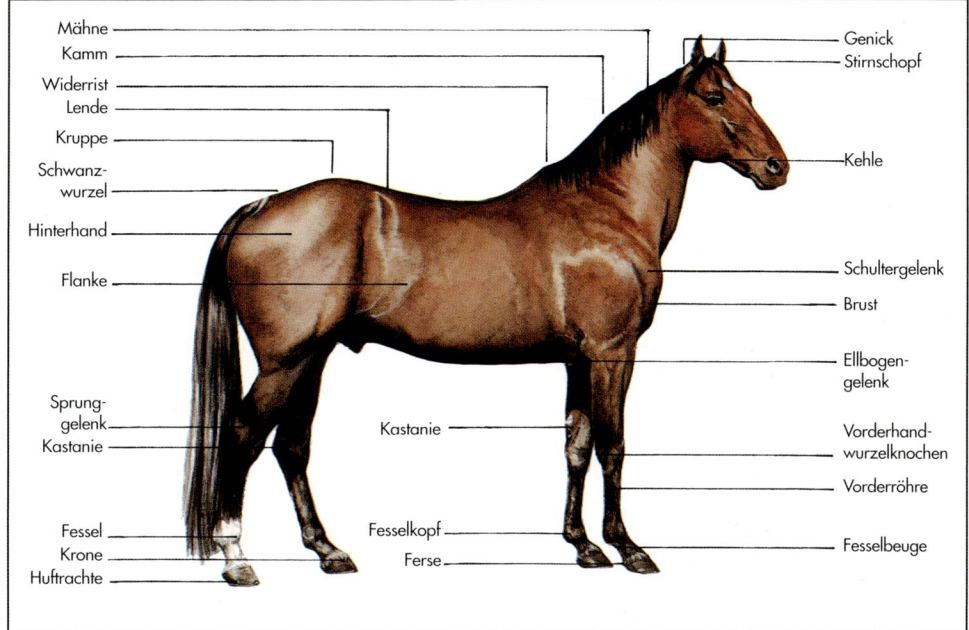

Mähne
Kamm
Widerrist
Lende
Kruppe
Schwanz-
wurzel
Hinterhand
Flanke
Sprung-
gelenk
Kastanie
Fessel
Krone
Huftrachte
Kastanie
Fesselkopf
Ferse
Genick
Stirnschopf
Kehle
Schultergelenk
Brust
Ellbogen-
gelenk
Vorderhand-
wurzelknochen
Vorderröhre
Fesselbeuge

FARBEN UND ABZEICHEN

Die Fellfarben und Abzeichen entwickelten sich über Jahrmillionen als optimale Tarnung für den jeweiligen Lebensraum des Pferdes. Je mehr es sich dem Unterboden anglich, desto geringer war die Gefahr, Raubtieren zum Opfer zu fallen.

Die ursprünglichen Pferde und Ponys waren meist Falben (gelbes Beige) mit schwarzem Langhaar (Mähne, Stirnschopf und Schweif), Aalstrich sowie schwarzen Beinen und Hufen. In Gebieten, wo die Landschaft wenig grün ist, sind Falben hervorragend getarnt.

Der Volksmund hat ausgiebig überliefert, welche Farben bei einem Pferd günstig und welche nachteilig sind. So sollen Füchse ein wildes Temperament haben, Rappen hinterhältig und wenig ausdauernd sein, Braune dagegen zuverlässig. In Wirklichkeit hat die Fellfarbe nicht die geringste Auswirkung auf Temperament oder Leistungsfähigkeit eines Pferdes.

Die einzige Ausnahme bilden Pferde mit rosa Haut unter weißem Fellkleid, denn diese Tiere sind wesentlich witterungsempfindlicher als andere, weil ihrer Haut das widerstandsfähige Farbpigment Melanin fehlt. Die rosa Farbe entsteht dadurch, daß die Blutgefäße durch die farblose Haut hindurchschimmern. Da eine solche Haut Sonne und Nässe wenig entgegenzusetzen hat und auch Bakterien ein leichtes Spiel bietet, sind diese Tiere insgesamt anfälliger für Hautkrankheiten, Sonnenbrand und Allergien.

Die Vielfalt der heutigen Fellfarben ist das Ergebnis systematischer Pferdezucht und hat mit Tarnung nichts mehr zu tun. Manche Pferde wie Isabellen, Schecken und Pintos (schwarzweiß, braunweiß, rotweiß, mehrfarbig gemusterte Fellfarbe) werden gerade wegen ihrer besonderen Farben gezüchtet. Noch im letzten Jahrhundert züchtete der königliche Marstall Cremellos isabellfarbene Pferde als Karossiers (Kutschpferde).

Abzeichen sind weiße Stellen am Rumpf, an den Extremitäten und am Kopf des Pferdes. Die Begriffe sind von den jeweiligen Zuchtverbänden festgelegt. Am Körper gibt es die sogenannte Zebrierung (»Zebrastrei-

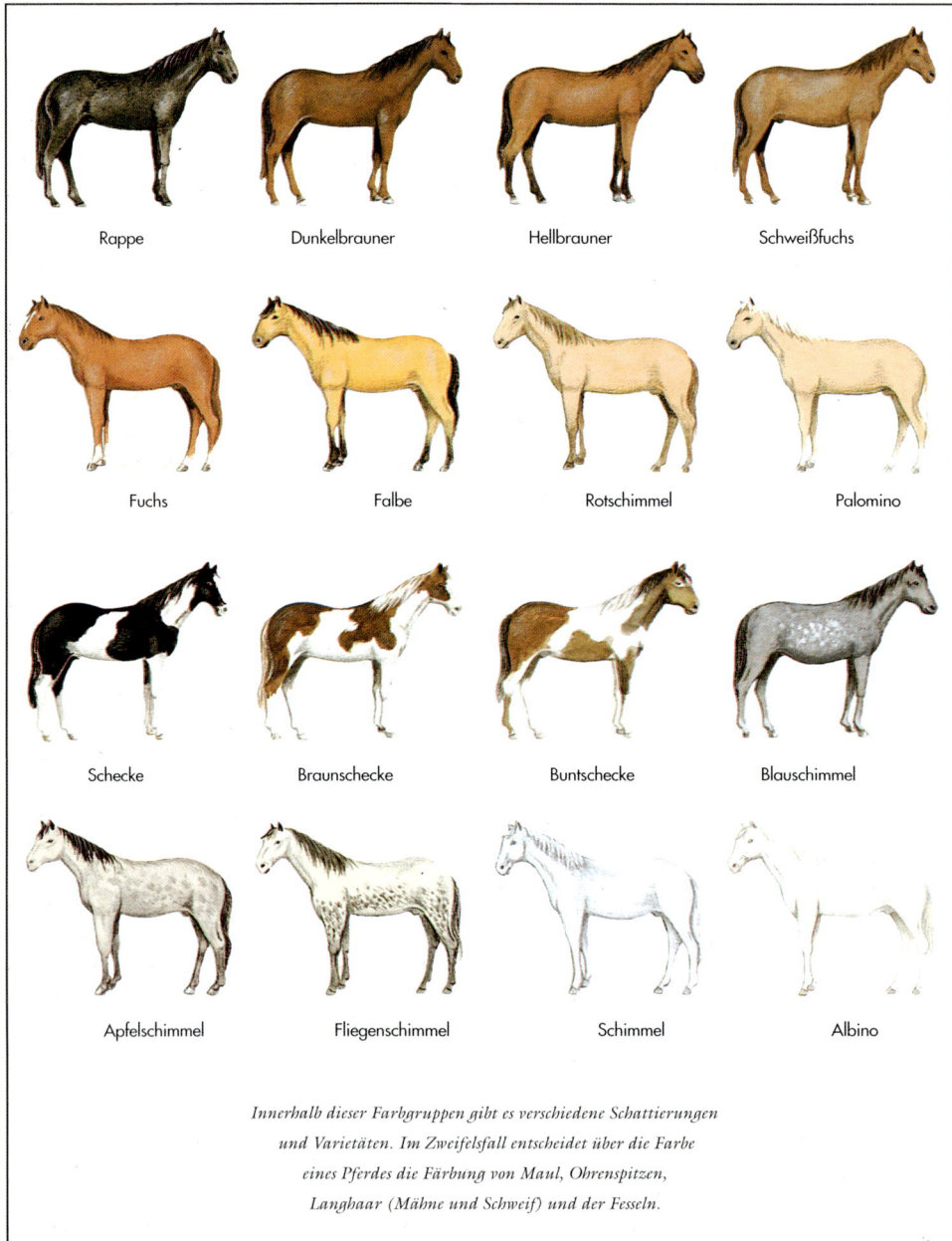

Rappe

Dunkelbrauner

Hellbrauner

Schweißfuchs

Fuchs

Falbe

Rotschimmel

Palomino

Schecke

Braunschecke

Buntschecke

Blauschimmel

Apfelschimmel

Fliegenschimmel

Schimmel

Albino

Innerhalb dieser Farbgruppen gibt es verschiedene Schattierungen
und Varietäten. Im Zweifelsfall entscheidet über die Farbe
eines Pferdes die Färbung von Maul, Ohrenspitzen,
Langhaar (Mähne und Schweif) und der Fesseln.

Schmale Blesse

Breite Blesse

Laterne

Schnippe

Keilstern

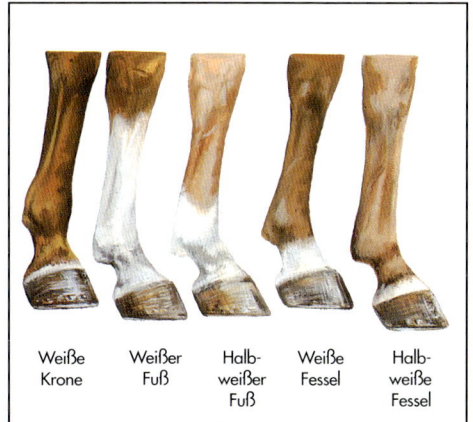

| Weiße Krone | Weißer Fuß | Halbweißer Fuß | Weiße Fessel | Halbweiße Fessel |

Stirn werden je nach Größe und Form als Flocke, Blume, Flämmchen, Stern oder Keilstern bezeichnet, ein weißer Streifen von der Stirn bis zum Maul als (breite, schmale, unregelmäßige, durchgehende oder unterbrochene) Blesse. Ein Fleck auf dem Nasenrücken heißt Schnippe, ein überwiegend weißer Kopf Laterne, wobei diese oft mit weiß bzw. hellblau pigmentiertem Glasoder Birkenauge einhergeht. Ist das Maul weiß, wird es Milchmaul genannt; ist es rosig, heißt es Krötenmaul.

Bei vielen Ponys verläuft ein schmaler dunkler Streifen längs über den Rücken; dieser wird als Aalstrich bezeichnet. Manche Tiere weisen außerdem am Widerrist einen Querstrich auf.

GRÖSSE

Die Größe eines Pferdes wird vom Boden bis zum höchsten Punkt des Widerrists gemessen und zwar entweder mit einem Bandmaß oder einem Stockmaß.

Die Größe wird im angelsächsischen Bereich in »hands« berechnet (1 hand entspricht 10,16 cm), im

fen« an Beinen, Hals, Widerrist und/oder der Kruppe) und Wirbel (Haarmuster um einen kleinen Mittelpunkt). An den Beinen gibt es von weißer Krone über die halbweiße und weiße Fessel sowie den halbweißen und weißen bis zum hochweißen Fuß verschiedene Ausprägungen der weißen Flächen. Abzeichen auf der

deutschsprachigen Raum jedoch üblicherweise in Zentimeter Stockmaß angegeben, seltener mit der ungenaueren Angabe nach dem Bandmaß.

RASSEN UND TYPEN

Seit der Mensch die ersten Hauspferde hielt, ist er bemüht, durch Zuchtauswahl eigenständige Rassen mit unterschiedlichen Merkmalen hervorzubringen, die mit ihren jeweiligen körperlichen und charakterlichen Eigenschaften seinen Zwecken dienen sollen. Auf diese Weise sind im Laufe der Zeit Hunderte von Rassen entstanden, und ständig tauchen wieder neue auf. Manche Rassen sterben aus, weil sie dem Menschen nicht mehr von Nutzen sind, so zum Beispiel die Zug- und Kutschpferde. Auf der anderen Seite werden neue Rassen hervorgebracht, die aktuellen Bedürfnissen gerechter werden. Auch das in den letzten 20 Jahren stark gestiegene Interesse am Reit- und Turniersport hat die Entwicklung spezieller Pferderassen zur Folge.

Für jede offiziell anerkannte Rasse gibt es ein Stutbuch, das vom Zuchtverband oder von einem staatlichen Gestüt geführt wird. Man unterscheidet dabei zwischen dem Vorbuch (darin sind Stuten aufgeführt, die der Rasse entsprechen, deren Abstammung aber nicht belegt werden kann) und dem Stamm- oder Stutbuch (in dem Stuten verzeichnet sind, die von einem anerkannten Zuchthengst abstammen, deren Mutter aber selbst nicht eingetragen sein muß). Das Hauptstammbuch oder Hauptstutbuch führt Stuten bester Qualität und Abstammung auf, deren Mutter ihrerseits im Hauptstammbuch oder mindestens im Stammbuch steht und deren Vater anerkannter Zuchthengst ist. Außerdem muß eine Hauptstammbuchstute ein hervorragendes Exterieur gemäß den Rassemerkmalen aufweisen.

KATEGORIEN

Man unterteilt Pferderassen in vier Gruppen: Ponys, Kaltblut, Warmblut und Vollblut. Ponys dürfen international grundsätzlich nicht höher als 148 cm Stockmaß sein; auf weitere Unterschiede zwischen Ponys und Pferden soll hier nicht näher eingegangen werden. Viele Ponyrassen sind »wild« entstanden, deshalb legen die Tiere einen Grad von Klugheit und Genügsamkeit an den Tag, den man bei den meisten Pferderassen nicht findet. Sie besitzen eine ausgezeichnete Gesundheit und lahmen sehr selten. Viele weisen Merkmale auf, die sich bei der Zucht stets rassetypisch an den Nachwuchs weitervererben.

Kaltblüter sind schwere Arbeitspferde, in der Regel sanfte, freundliche, ausdauernde und fleißige Tiere. Zu den Vollblütern zählt man das arabische und das englische Vollblut, die sich beide durch einen feurigen, stolzen und »nervösen« Charakter auszeichnen. Zahlenmäßig am größten ist heute die Gruppe der Warmblutpferde, die alle Sport- und Reitpferdrassen umfaßt, außerdem auch einige der leichteren Zugpferdrassen. Ihre Abstammung ist durchweg gemischt. Die meisten gehen auf das arabische Vollblut zurück, wurden jedoch durch die Einkreuzung von Zug- und Ponyrassen zu Pferden entwickelt, die sich durch Temperament und Ausdauer auszeichnen. Sie sind robuster als Vollblüter, umgänglich, einfühlsam und fleißig.

Heute gibt es darüber hinaus einige Pferdearten, die in keinem Stutbuch verzeichnet sind, mittlerweile aber als Typen anerkannt werden, so zum Beispiel im angelsächsischen Raum Hack, Hunter und Cob.

HACK

Hack kommt von »hackney« bzw. dem mittelalterlichen französischen Wort »haquenai«, das allgemein ein billiges, schlechtes Gebrauchspferd bezeichnete. Nach und nach wurde der Begriff im englischen Sprachraum zum Gegenstück des Begriffs für die speziell für die Jagd gezüchteten Hunter.

Heutzutage ist ein Hack ein sehr edles Reitpferd für gehobene Ansprüche. Hacks haben gute Manieren und sehen gut aus. Sie sollen gut ausgebildet sein, schöne Gangarten haben, willig auf Hilfen reagieren und in der Lage sein, über kleinere Hindernisse zu springen. Meist ist ein Schuß englisches oder arabisches Vollblut eingekreuzt. In Amerika bevorzugt man in dieser Klasse allerdings das sogenannte Saddlebred Horse.

HACK

· · · · · · · ·

HUNTER

· · · · · · · · · ·

HUNTER

Diese Pferde sollen ihren Reiter bei der Jagd im offenen Terrain sicher, bequem und mit Verstand tragen. Auf ebenen, offenen Feldern, die durch hohe Zäune unterbrochen sind, muß ein Pferd ein schneller Läufer und zugleich ein guter Springer sein, wozu sich Vollblüter oder Rassen mit hohem Vollblutanteil in der Regel hervorragend eignen.

In hügeligem oder unwegsamem Gelände bewähren sich Kreuzungen von Vollblut mit leichten Zugpferden oder einheimischen Ponyrassen. Sie bieten neben einem ruhigen Temperament große Trittsicherheit, Ausdauer und einen ausgezeichneten Instinkt.

REITPONY

Reitponys wurden im wesentlichen als Freizeitpferd für Kinder gezüchtet. Einheimische Wildrassen haben viele gute Eigenschaften – Intelligenz, Ausdauer und Trittsicherheit –, eignen sich jedoch für Kinder nur begrenzt, da sie einen breiten Rücken haben und oft sehr störrisch sind. In vielen Ländern werden deshalb seit einigen Jahren arabische oder englische Vollblüter in Wildrassen eingekreuzt, um Ponys zu züchten, die sich neben der Widerstandskraft der Wildrasse sowohl durch Ausdauer und Kondition als auch durch Eleganz und einen freundlichen Charakter auszeichnen.

COB

Der Cob ist ein starker, stämmiger Pferdetyp. Lediglich der Welsh Cob und der Normänner Cob sind eigenständige Rassen; die übrigen sind Kreuzungen von schweren Jagdpferdstuten mit englischen Vollbluthengsten, einer Welsh-Cob-Stute mit einem Vollblut-Reitpony oder sogar einem arabischen Vollbluthengst. Cobs sind einfühlsame Allzweckpferde. Sie sind bequem zu reiten und ideal für Reiter, die ein ruhiges Pferd brauchen. Cobs können bei einer Jagd einen schweren Reiter mühelos den ganzen Tag lang tragen.

REITPONY

HERKUNFTS-GEBIETE

OHNE EIN BE-STIMMTES HER-KUNFTSGEBIET

NORD-AMERIKA

SÜDAMERIKA

GROSSBRI-TANNIEN UND IRLAND

WESTEUROPA

SKANDINAVIEN

SÜDEUROPA

OSTEUROPA

MITTLERER OSTEN UND AFRIKA

ASIEN UND OZEANIEN

HINWEISE ZUR BENUTZUNG DES BUCHES

Viele Pferde- und Ponyrassen entwickeln sich zwar an einem bestimmten Ort oder in einer bestimmten Region; inzwischen sind sie jedoch überall auf der Welt verbreitet. Im folgenden sind die Rassen nach ihrem Herkunftsgebiet aufgeführt. Berücksichtigt wurden sowohl gängige als auch weniger gut bekannte Pferde- und Ponyrassen. Die einzelnen Abschnitte umfassen Angaben zu ihrer Herkunft, Geschichte und heutigen Verwendung. Die Entwicklung der Rassen wird anhand von Stammbäumen verdeutlicht, die chronologisch aufführen, welche Rassen vom Beginn der Züchtung an bis zum 20. Jahrhundert zu ihrer Entstehung beigetragen haben. Wissenswertes zu jeder Rasse wird unter den Stichwörtern Herkunft, Größe, Exterieur, Besonderheiten, Charakter und Verwendung aufgelistet. Darüber hinaus wird jeweils angegeben, zu welcher Kategorie die Rasse (Kaltblut, Warmblut, Vollblut, Pony) gehört.

RASSEN OHNE BESTIMMTES HERKUNFTSGEBIET

ARABISCHES VOLLBLUT
VOLLBLUT

Araber sind die ältesten reinrassigen Pferde der Welt. Sie entwickelten sich vermutlich aus prähistorischen Wildpferden und breiteten sich von Asien bis zum Orient aus. Diese Pferde wurden in mehreren Ländern gefangen und domestiziert, so daß verschiedene Stämme entstanden, deren bekanntester der der Beduinen-Araber ist. Da die typischen Merkmale optimal weitervererbt werden, wird das Arabische Vollblut gern als Ausgangspunkt für neue Rassen oder zur Veredelung bestehender Rassen verwendet.

HERKUNFTSLAND: Arabien.
FARBEN: Füchse, Braune, Schimmel.
GRÖSSE: 145 cm.
KÖRPERBAU: Kleiner, trockener Kopf, meist Hechtkopf mit »Araberknick«; gewölbter Hals; lange, schräge Schulter; kurzer Rücken; gute Brusttiefe; starke Hinterhand; Schweif wird wie eine Fahne getragen; harte, trockene Beine mit kurzen Röhrenknochen.
BESONDERHEITEN: Schnelle, raumgreifende Gangarten; Ausdauer und Zähigkeit.
CHARAKTER: Kühn, intelligent, feurig, ausdauernd.
VERWENDUNG: Reitpferd, Veredelung anderer Rassen.

VORFAHREN

ASIATISCHE
WILDPFERDE

ENGLISCHES VOLLBUT
VOLLBLUT

Das Englische Vollblut ist ein sehr edles Rennpferd. Die Rasse entstand im 17. Jahrhundert in England durch Kreuzung der schnellsten einheimischen Stuten mit importierten Hengsten. Die Bedeutung des Abstammungsnachweises (Pedigree) und der Rennerfolge läßt sich bis zu General Stud Book zurückverfolgen (1791), als alle aufgeführten Pferde von nur drei arabischen Hengsten abstammten (The Byerly Turk, The Darley Arabian und The Godolphin Barb).

VORFAHREN

ARAB. VOLLBLUT

TURKMENE

BERBER

GALLOWAY

HERKUNFTSLAND: Großbritannien und Nordirland.
FARBEN: Alle Grundfarben.
GRÖSSE: 163 cm.
KÖRPERBAU: Vom kurzen Rücken und breit ausladender Hinterhand bei Sprintern bis zu großrahmigen Jagdpferden mit längerem Rücken und kräftigem Fundament. Gefordert sind ein eleganter Kopf, ein langer Hals mit gut gelagerter Schulter, ein hochstehender Widerrist und seidiges Fell.
BESONDERHEITEN: Schnell, dynamisch.
CHARAKTER: Mutig, forsch.
VERWENDUNG: Galopprennpferd, Reitpferd, Einkreuzung in andere Rassen.

QUARTER HORSE
WARMBLUT

Der Name bezieht sich ursprünglich auf Viertelmeilen-Rennen (quarter-mile races), bei denen sich diese Rasse im 17. Jahrhundert in Virginia und Carolina aufgrund ihrer Vielseitigkeit, Stärke und Ausdauer hervortat. Das Quarter Horse erwies sich als ideal für die Arbeit auf der Ranch. Heute ist das typische Westernpferd in den USA die zahlenmäßig größte Einzelrasse, denn dort sind zwei Millionen Tiere registriert, weitere 800000 weltweit. Das Quarter Horse ist über eine Viertelmeile (0,4 km) das schnellste Pferd der Welt: Der Rekord liegt derzeit bei 20 Sekunden.

VORFAHREN

ARAB. VOLLBLUT

BERBER

TURKMENE

ANDALUSIER

ENGL. VOLLBLUT

HERKUNFTSLAND: USA.
FARBEN: Alle Grundfarben, meist Füchse.
GRÖSSE: 145–153 cm.
KÖRPERBAU: Kurzer Kopf; muskulöser Hals; quadratischer Rahmen; breite, gut bemuskelte Hinterhand; trockene Extremitäten.

BESONDERHEITEN: Schnell, vielseitig.
CHARAKTER: Intelligent, einfühlsam, aktiv und geistig beweglich.
VERWENDUNG: Reit-, Ranch-, Western- und Rennpferd.

MUSTANG
WARMBLUT

Das nordamerikanische Wildpferd (das ursprünglich nicht aus Amerika stammt) ist ein Nachfahre von entlaufenen Tieren der spanischen Siedler, lebt aber seit über 300 Jahren in freier Wildbahn. Es stand bei der Entstehung vieler amerikanischer Rassen Pate, darunter auch des Quarter Horse, des Appaloosa und des Pinto. Die Zahl der Wildpferde ist so stark zurückgegangen, daß die Mustangs inzwischen gesetzlich geschützt sind.

VORFAHREN

ANDALUSIER

ARAB. VOLLBLUT

BERBER

TURKMENE

HERKUNFTSLAND: Westliche Staaten Nordamerikas und Mexiko.
FARBEN: Alle Farben.
GRÖSSE: 142–152 cm.
KÖRPERBAU: Leichtkalibrig, jedoch stämmig; kräftige Extremitäten.

BESONDERHEITEN: Zäh und genügsam.
CHARAKTER: Freiheitsliebend, unberechenbar.
VERWENDUNG: Reitpferd, vor allem Ausdauersport; Westernpferd.

APPALOOSA
WARMBLUT

Diese von den Nez-Percé-Indianern gezüchtete Rasse wird in sechs
verschiedenen Hauptfellmustern anerkannt, die jedoch niemals exakt
gleich auftreten. Unter dem Oberbegriff »Tigerschecken« unterscheidet man Leopard (weiße Decke mit dunklen Tupfen), Snowflake (dunkle Decke mit weißen Tupfen), Spotted Blanket (überwiegend dunkel mit dunklen Tupfen auf weißem Rücken bzw. weißer
Hinterhand), White Blanket (das Gegenstück zu Spotted
Blanket), Marble (bei Geburt dunkle Decke, die später fast weiß ausschimmelt) und Frosted Tip (überwiegend dunkle Decke mit hellen Tupfen auf
der Lende und den Hüftknochen).

HERKUNFTSLAND: Westen der
USA.
FARBEN: Sechs Tigerschecken-
Grundmuster.
GRÖSSE: 144–154 cm.
KÖRPERBAU: Quadratpferd
mit dünnem Langhaar; harte
Hufe, oft mit hellen Streifen.

BESONDERHEITEN:
Auffallende Erscheinung.
CHARAKTER: Mutig und fried-
fertig.
VERWENDUNG: Reit-,
Western-, Parade- und Zir-
kuspferd.

VORFAHREN

ANDALUSIER

ARAB. VOLLBLUT

BERBER

TURKMENE

MORGAN
WARMBLUT

Diese altehrwürdige Rasse ist nach Justin Morgan aus Vermont benannt. Er war Besitzer des ersten Hengstes mit Namen Figure, der sich sowohl unter dem Sattel als auch als Karossier- und Zugpferd besonders auszeichnete. Noch heute sieht man Morgan Horses als Traber, Kutsch- und Schaupferde. Im 19. Jahrhundert wurden Morgan Horses zu Stammeltern der großen amerikanischen Rassen wie Standardbred, Saddlebred und Tennessee Walking Horse.

HERKUNFTSLAND: Massachusetts, USA.
FARBEN: Vorwiegend Braune, aber auch Dunkelbraune, Rappen und Füchse.
GRÖSSE: 142–152 cm.
KÖRPERBAU: Leicht gerammster Kopf; kräftiger Hals; tiefe Brust; muskulöse Kruppe; voller, hoch angesetzter Schweif; kräftige, korrekt stehende Beine.

BESONDERHEITEN: Vielseitig, ausdauernd; elegant.
CHARAKTER: Freundlich, fleißig und dynamisch.
VERWENDUNG: Reit- und Kutschpferd, auch Traber.

VORFAHREN

WELSH COB

ENGL. VOLLBLUT

EINHEIM. PFERDE

AMERICAN SADDLE HORSE
WARMBLUT

Ein elegantes Pferd mit hohen Gängen, das im 19. Jahrhundert von Plantagenbesitzern als auffallend schönes Reitpferd gezüchtet wurde. Neben drei natürlichen Gangarten beherrschen Fivegaited Saddle Horses die zwei erlernten Gangarten Slow Gait (Tölt, eine langsame Viertaktbewegung) und Rack (Rennpaß), mit dem das Pferd bis zu 50 km/h erreicht.

HERKUNFTSLAND: USA.
FARBEN: Rappen, Dunkelbraune, Braune, Schimmel, Füchse.
GRÖSSE: 152–163 cm.
KÖRPERBAU: Schmaler, trockener, hochgetragener Kopf mit großen Augen; langer, elegant geschwungener Hals mit gut gelagerter Schulter; kurzer Rumpf; starke, gelenkige Hinterhand; lange, trockene Gliedmaßen, sehr hoch getragener Schweif.
BESONDERHEITEN: Ungewöhnliche Gangarten.

CHARAKTER: Intelligent, gutmütig, sanft.
VERWENDUNG: Reit-, Kutsch-, Showpferd.

VORFAHREN

ENGL. VOLLBLUT

MORGAN

NARRAGANSETT PACER

NORDAMERIKA

AMERICAN STANDARDBRED
WARMBLUT

Diese Rasse liefert die schnellsten Trabrenn-
pferde. Sie entstand im 18. Jahrhundert
und wird auf vier Hengste zurückgeführt,
die von dem Vollbluttraber Messenger ge-
zeugt wurden. Die Rassenbezeichnung bezieht sich auf die Trabrennormen (engl.
»standards«), die 1879 das American Trot-
ting Register festschrieb und die vorsahen,
daß Traber 1 Meile (1,6 km) in weniger als
2 Minuten 30 Sekunden, Paßgänger in
maximal 2 Minuten 25 Sekunden zurückle-
gen müssen.

HERKUNFTSLAND: USA.
FARBEN: Alle Grundfarben.
GRÖSSE: 142–163 cm.
KÖRPERBAU: Meist im Voll-
bluttyp stehend, jedoch mus-
kulöser mit langem Rücken,
kurzen Extremitäten und
kräftiger Schulter.
BESONDERHEITEN: Ausdauer,
Schnelligkeit.

CHARAKTER: Mutig und aktiv,
jedoch ruhig.
VERWENDUNG: Rennpferd,
Kutschpferd.

VORFAHREN

ENGL. VOLLBLUT

KANADISCHER TRABER

HACKNEY

NARRAGANSETT
PACER

ARAB. VOLLBLUT

BERBER

MORGAN

TENNESSEE WALKING HORSE
WARMBLUT

Das Tennessee Walking Horse, auch Walker genannt, verfügt neben einem weich gleitenden Schritt und Galopp als spezielle Gangart über den Running Walk. Dieser schnelle, weiche Schritt mit Geschwindigkeiten bis zu 24 km/h kann keiner anderen Rasse beigebracht werden. Im Galopp agiert die Vorhand mit wogenden Bewegungen, während die Hinterhand praktisch unbewegt bleibt. Der Running Walk ist inzwischen ein Rassenmerkmal; die Fohlen schauen ihn offenbar ihren Müttern ab.

VORFAHREN

ENGL. VOLLBLUT

NARRAGANSETT PACER

MORGAN

AM. STANDARDBRED

AM. SADDLE HORSE

HERKUNFTSLAND: Tennessee, USA.
FARBEN: Füchse, Rappen, Braunschimmel, oft weiße Abzeichen.
GRÖSSE: 152–163 cm.
KÖRPERBAU: Gerades Profil; langer, muskulöser Hals; schräge Schulter; breiter Brustkorb; kurzer Rücken; stark entwickelte, abfallende Kruppe; trockene Extremitäten; üppiger, sehr hoch getragener Schweif.
BESONDERHEITEN: Einzigartige Gangarten als Rassenmerkmal.

CHARAKTER: Sanftmütig und willig; aufmerksam.
VERWENDUNG: Reit- und Schaupferd.

NORDAMERIKA

*P*ALOMINO
WARMBLUT

Der Palomino wird nicht durch sein Erscheinungsbild, sondern durch seine Farbe definiert; diese vererbt sich im übrigen nicht rassentypisch. Nur in den USA gelten sie als Rasse, überall sonst als Typ. Auch wenn chinesische Kaiser solche »goldenen Pferde« geritten haben sollen, stammen die Palominos von Pferden spanischer Siedler ab, die sich mit wilden Mustangs vermischten.

HERKUNFTSLAND: Kalifornien, USA.
FARBEN: Goldbraune Isabellen mit sehr hellem Langhaar; weiße Abzeichen an den Extremitäten erlaubt.
GRÖSSE: Meist über 142 cm.
KÖRPERBAU: Unterschiedlich, jedoch Reitpferdtyp.
BESONDERHEITEN: Auffallende Farbe.

CHARAKTER: Unterschiedlich; meist intelligentes Allzweckpferd.
VERWENDUNG: Reit-, Westernpferd, Wanderreiten.

VORFAHREN

MUSTANG

*P*INTO
WARMBLUT

Diese farbenfrohen Pferde werden traditionell mit den nordamerikanischen Indianern in Verbindung gebracht. Man unterscheidet mehrere Typen. Hauptmerkmal ist die auffallende Scheckung, die in Amerika in drei Registern als American Paint Horse, Pinto oder Moroccan Spotted Horse geführt wird.

HERKUNFTSLAND: USA.
FARBEN: Overo (großflächige schwarze Scheckung mit Weiß), Tobiano (Weiß mit kleineren Flecken einer beliebigen Farbe außer Schwarz).
GRÖSSE: Unterschiedlich.
KÖRPERBAU: Unterschiedlich; mehrere Kategorien, darunter Stock-Horse-Typ, Hunter-Typ und Saddlehorse-Typ.
CHARAKTER: Unterschiedlich (siehe oben), meist intelligent und ausdauernd.
VERWENDUNG: Western-, Reit- und Schaupferd.

VORFAHREN

MUSTANG

PONY OF THE AMERICAS
PONY

Pony of the Americas war die erste in den USA selbst gezüchtete Ponyrasse. Sie stammt zwar erst aus den 50er Jahren, ist jedoch schon heute als Gelände-, Spring- und Rennpferd vor allem bei jugendlichen Reitern sehr beliebt.

VORFAHREN

SHETLAND-PONY

APPALOOSA

HERKUNFTSLAND: USA.
FARBEN: Appaloosa-Farben und -Muster.
GRÖSSE: 114–134 cm.
KÖRPERBAU: Arabischer Kopftypus; gut ausgebildete Schultern; tiefe Brust; kurzer Rücken; gerundeter Körper mit kräftiger Hinterhand; trockene Beine.
BESONDERHEITEN: Weiche, raumgreifende Aktion.
CHARAKTER: Willig und gut- mütig, vielseitig.
VERWENDUNG: Reitpony für Kinder und Jugendliche.

CANADIAN CUTTING HORSE
WARMBLUT

Diese Rasse ist noch nicht offiziell aner- kannt und gilt nur als Typ. Für die Arbeit mit Rindern ist sie ebenso wie das Quarter Horse aufgrund ihrer Kraft, Schnelligkeit und Wendigkeit bestens geeignet.

HERKUNFTSLAND: Kanada.
FARBEN: Alle.
GRÖSSE: 154–164 cm.
KÖRPERBAU: Ähnlich wie American Quarter Horse, jedoch langer Körper, kurze Extremitäten mit kräftiger Hinterhand.
BESONDERHEITEN: Schnell und wendig.
CHARAKTER: Intelligent, leicht einzureiten.
VERWENDUNG: Westernpferd.

VORFAHREN

EUROP. RASSEN

QUARTER HORSE

23

*C*RIOLLO
WARMBLUT

Dieses muntere, intelligente Pferd ist das beliebteste Reittier der argentinischen Gauchos. Die rauhen Witterungsbedingungen der Pampa, denen diese Pferde seit vielen Generationen ausgesetzt sind, haben diese Rasse außergewöhnlich widerstandsfähig gemacht. Heute werden für die Zucht die besten Tiere durch einen jährlich stattfindenden Ritt über 750 km mit einem Traggewicht von 108 kg ausgewählt, bei dem die Tiere ohne Futter auskommen müssen. Argentinische Polopferde sind Kreuzungen zwischen Criollos und Vollblütern.

HERKUNFTSLAND: Argentinien.

FARBEN: Falben mit dunklen Abzeichen und Aalstrich, gelegentlich Rotschimmel, Füchse oder Braune.

GRÖSSE: 142 cm.

KÖRPERBAU: Kurzer, breiter Kopf; muskulöser Hals und starke Schultern; breiter Brustkorb; gute Gurttiefe, dabei trockene, kräftige Extremitäten und kleine Hufe.

BESONDERHEITEN: Zäh und wendig.

CHARAKTER: Willig, sehr ausdauernd.

VERWENDUNG: Reitpferd, Rancharbeit.

VORFAHREN

ANDALUSIER

BERBER

ARAB. VOLLBLUT

PERUVIAN STEPPING HORSE
WARMBLUT

Dieses Pferd gehört zu den südamerikanischen Pasopferden, die den Paßgang beherrschen. Diese Gangart, bei der jeweils die beiden Extremitäten auf derselben Seite angehoben werden, kann das Pferd lange Zeit beibehalten, ohne zu ermüden. Das peruanische Paßpferd ist sehr ausdauernd, was auf seine Arbeit in den Höhenlagen der Anden zurückzuführen ist. Es erfreut sich wachsender Beliebtheit aufgrund seiner bequemen, leichten Gangarten und seines ausgeglichenen Charakters.

HERKUNFTSLAND: Peru.
FARBEN: Braune, Füchse, Braune, Rappen, Schimmel.
GRÖSSE: 144–154 cm.
KÖRPERBAU: Langer, gewölbter Hals mit hoch getragenem Kopf; tiefe, breite Brust; trockene, kräftige Extremitäten; üppiges Langhaar.
BESONDERHEITEN: Ausdauer und ein spezieller Rennpaß, ähnlich dem Paßgang europäischer Pferde.
CHARAKTER: Fügsam und ausdauernd.
VERWENDUNG: Reitpferd, Rancharbeit.

VORFAHREN

ANDALUSIER

BERBER

SPAN. KLEINPFERD

25

FALABELLA
PONY

Das kleinste Pferd der Welt erreicht eine
Höhe von 86 cm, was der eines großen
Hundes entspricht. Es ist als Miniatur-
Kutschpferd und Kinderpony sehr beliebt.

HERKUNFTSLAND: Argen-
tinien.
FARBEN: Alle Farben.
GRÖSSE: Bis 75 cm, oft nur
bis 65 cm.
KÖRPERBAU: Proportioniert
wie ein Miniaturpferd; mit
feinem Knochenbau und klei-
nen Hufen.
BESONDERHEITEN:
Ausdauernd; kleinstes Pferd
der Welt.
CHARAKTER: Friedfertig,
freundlich und mutig.
VERWENDUNG: Kutsch- und
Kinderpony.

VORFAHREN

SHETLAND-PONY

VOLLBLUT

PASO FINO
WARMBLUT

Die besonderen Paso-Gangarten sind Pa-
so Fino (Tölt im Schrittempo), Paso Corto
(Paßgang im Trabtempo) und Paso Largo
(Galopptempo).

HERKUNFTSLAND: Puerto
Rico.
FARBEN: Alle Farben.
GRÖSSE: 145 cm.
KÖRPERBAU: Kopf im Ara-
bertyp; starker Rücken und
muskulöse Hinterhand; harte,
trockene Extremitäten.
BESONDERHEITEN: Spezielle
Gangarten.
CHARAKTER:
Temperamentvoll, dabei
leicht lenkbar.
VERWENDUNG: Reitpferd,
Rancharbeit.

VORFAHREN

ANDALUSIER

BERBER

SPAN. KLEINPFERD

GALICEÑO
PONY

Der Name deutet auf die Herkunft aus dem nordspanischen Galizien hin. In den USA ist die Rasse seit 1959 sehr beliebt.
Von den arabischen Vorfahren (im Galiceño steckt Garrano-Blut) erbte sie Intelligenz und große Ausdauer.

HERKUNFTSLAND: Mexiko.
FARBEN: Braune, Rappen, Falben, Füchse, Schimmel.
GRÖSSE: 122–134 cm.
KÖRPERBAU: Intelligenter Kopf; steile Schulter, schmale Brust; kurzer Rücken; trockene Extremitäten, kleine Hufe.
BESONDERHEITEN: Vielseitig; Anlage zum schnellen Tölt.
CHARAKTER: Aufmerksam, freundlich und sehr intelligent.
VERWENDUNG: Kutsch-, Reit- und Saumpferd, Rancharbeit.

VORFAHREN

GARRANO

MANGALARGA
WARMBLUT

Diese Rasse entstand vor 100 Jahren. Es handelt sich um ausgezeichnete Reitpferde, deren Marcha (eine Art Rennschritt) für den Reiter sehr bequem ist. Der Campolino ist dem Mangalarga sehr ähnlich.

HERKUNFTSLAND: Minas Gerais, Brasilien.
FARBEN: Braune, Füchse, Rotschimmel, Schimmel.
GRÖSSE: 152 cm.
KÖRPERBAU: Länglicher Kopf; kurzer Rücken; sehr kräftige Hinterhand; lange Beine; tief angesetzter Schweif.
BESONDERHEITEN: Robust, Gangart Marcha (Tölt im Tempo zwischen Trab und Galopp).
CHARAKTER: Genügsam und sehr ausdauernd.
VERWENDUNG: Reitpferd.

VORFAHREN

CRIOLLO

ANDALUSIER

ALTÉR REAL

DARTMOOR-PONY

PONY

Dartmoors waren ursprünglich Arbeitsponys der Bergleute in Südwestengland. Das zähe, trittsichere Pony ist aufgrund seiner Statur und seines Charakters gut als Kinderpony geeignet. Es wird auch für Einkreuzungen verwendet.

HERKUNFTSLAND: Dartmoor (Devon), England.
FARBEN: Braune, Dunkelbraune, Rappen.
GRÖSSE: Bis 124 cm.
KÖRPERBAU: Kleiner Kopf mit winzigen Ohren; kräftiger Hals; gut angesetzte Schultern; starke Hinterhand und schlanke, trockene Extremitäten; niedrig angesetzter, üppiger Schweif.
BESONDERHEITEN: Trittsicher, zäh und langlebig.
CHARAKTER: Ruhig, zuverlässig, freundlich und einfühlsam.
VERWENDUNG: Reitpony.

VORFAHREN

KELTISCHES PONY

HIGHLAND-PONY

PONY

Die schottischen Highland-Ponys wurden ursprünglich in zwei Linien unterteilt: in das Garron oder Festlandpony (mit 144 cm die größte und kräftigste einheimische Rasse) und das kleinere Inselpony (Western Isles). Durch Vermischung haben sich beide Unterrassen angeglichen.

VORFAHREN

KELTISCHES PONY

GALLOWAY

ARAB. VOLLBLUT

HERKUNFTSLAND: Western Isles und schottisches Festland.
FARBEN: Falben von Goldblau bis Silberblau, mit Aalstrich, gelegentlich Rappen, Schwarzschimmel und Dunkelbraune.
GRÖSSE: 132–144 cm.
KÖRPERBAU: Feingeschnittener Kopf mit kurzen Ohren; kompakter, tiefer Körper; starke, kurze Beine mit Behang; üppiges Langhaar.
BESONDERHEITEN: Stark, aber nicht schnell.
CHARAKTER: Sanft, einfühlsam und gelehrig, vertrauensvoll.
VERWENDUNG: Reitpferd, Wanderreiten, Pirschjagden.

FELL-PONY
PONY

Diese Ponyrasse stammt von der Westseite Nordenglands. Die für ihre Stärke bekannten Tiere sollen früher beim Transport von Blei pro Tag 100 kg über 50 km weit geschleppt haben.

HERKUNFTSLAND: Cumbria, England.
FARBEN: Meist Rappen, aber auch Dunkelbraune, Braune, Schimmel; weiße Abzeichen an den Beinen erlaubt.
GRÖSSE: 132–142 cm.
KÖRPERBAU: Aufmerksamer Gesichtsausdruck; langer Hals; muskulöser Körperbau; lange Extremitäten mit Behang; langes, dichtes Langhaar.
BESONDERHEITEN: Stark, sehr ausdauernd, schneller Trab.
CHARAKTER: Lebhaft; fleißig.
VERWENDUNG: Reit- und Kutschpferd, Wanderreiten.

VORFAHREN

KELTISCHES PONY

GALLOWAY

FRIESE

DALES-PONY
PONY

Als naher Verwandter des Fell-Ponys wurde das Dales-Pony für landwirtschaftliche Arbeiten und als Kutschpferd eingesetzt. Mit der Mechanisierung sank die Zahl der Tiere drastisch; in den 50er Jahren wäre die Rasse fast ausgestorben.

VORFAHREN

KELTISCHES PONY

FRIESE

GALLOWAY

WELSH COB

HERKUNFTSLAND: Östliches Nordengland.
FARBEN: Rappen, Dunkelbraune; weißer Stern erlaubt.
GRÖSSE: 132–144 cm.
KÖRPERBAU: Trockener Kopf auf starkem Hals; mächtiger, kompakter Körper; kurze Extremitäten; dichtes Langhaar und Kötenbehänge.
BESONDERHEITEN: Stark, trittsicher.
CHARAKTER: Empfindsam, ruhig, fleißig.
VERWENDUNG: Reitpferd, Wanderreiten, Landwirtschaft.

EXMOOR-PONY
PONY

Das zähe kleine Exmoor-Pony soll schon in vorgeschichtlicher Zeit existiert haben. Aufgrund der isolierten Lage des Moorgebietes hat sich die Rasse seit der Frühzeit nur wenig verändert. Noch heute gibt es wildlebende Exmoors, die ohne menschliche Hilfe in ihrem unwirtlichen Lebensraum zurechtkommen. Einmal jährlich werden sie zusammengetrieben, gebrandmarkt und registriert. Trotz ihrer offensichtlichen Unberechenbarkeit geben sie bei guter Ausbildung hochwertige Reitponys für Kinder ab und können sogar erwachsene Reiter tragen.

HERKUNFTSLAND: Exmoor (Somerset und Devon), England.

FARBEN: Braune, Dunkelbraune und Dunkelfalben mit mehlfarbenem Maul.

GRÖSSE: Bis 124 cm (Stuten), bis 125 cm (Hengste und Wallache).

KÖRPERBAU: Breite Stirn; kräftiger Hals und tiefer Brustkasten; kurze, trockene Extremitäten mit harten Hufen; hervortretende Augen; dickes, borstiges Fell.

BESONDERHEITEN: Stark und ausdauernd.

CHARAKTER: Intelligent, rasche Auffassungsgabe, freundliches Wesen.

VERWENDUNG: Reitpony, Einkreuzung in andere Rassen.

VORFAHREN

KELTISCHES PONY

NEW FOREST PONY
PONY

Die Herkunft des New Forest Ponys ist vermutlich ähnlich wie beim Exmoor- und Dartmoor-Pony: Möglicherweise kommen alle drei aus demselben riesigen Waldgebiet, das einst Südengland überzogen haben soll. Noch heute gibt es im New Forest frei umherziehende Ponyherden. Da sie jedoch weniger isoliert als die übrigen einheimischen Rassen waren, sind sie schon seit langem den Kontakt zum Menschen gewöhnt und haben sich zu freundlichen, zahmen Wesen entwickelt. Seit dem 19. Jahrhundert bemüht man sich, die Rasse durch das Einkreuzen von Hengsten anderer Rassen zu veredeln, beispielsweise, indem man Vollbluthengste mit einheimischen Stuten paart.

VORFAHREN

KELTISCHES PONY

EINHEIM. RASSEN

ENGL. VOLLBLUT

ARAB. VOLLBLUT

HERKUNFTSLAND: New Forest (Hampshire), England.
FARBEN: Alle Farben außer Schecken; weiße Abzeichen erlaubt.
GRÖSSE: 122–144 cm.
KÖRPERBAU: Großer Kopf; lange, schräge Schulter; kurzer Rücken mit viel Gurttiefe; trockene Extremitäten und gut ausgebildete Hufe.
BESONDERHEITEN: Zäh und genügsam.
CHARAKTER: Willig, freundlich und zahm; sehr lernfähig.
VERWENDUNG: Reitpony für Kinder.

GROSSBRITANNIEN UND IRLAND

CONNEMARA
PONY

Das Connemara ist das einzige einheimische Pony Irlands. Es wird vermutet, daß dies auf einer Einkreuzung Spanischer Kleinpferde beruht, die 1588 als »Schiffbrüchige« der spanischen Armada an Land kamen.

HERKUNFTSLAND: Connaught, Irland.
FARBEN: Meist Schimmel, aber auch Rappen, Dunkelbraune und Braune.
GRÖSSE: 132–142 cm.
KÖRPERBAU: Hochgetragener Kopf mit intelligentem Gesichtsausdruck; mäßig langer Hals auf schräger Schulter; tiefer, kompakter Körper; kurze Extremitäten.
BESONDERHEITEN: Hart und trittsicher, gutes Springvermögen.

CHARAKTER: Intelligent, freundlich, einfühlsam und gefügig.
VERWENDUNG: Reit-, Spring- und Kutschpferd.

VORFAHREN

KELTISCHES PONY

SPAN. KLEINPFERD

ARAB. VOLLBLUT

ENGL. VOLLBLUT

SHETLAND-PONY
PONY

Seit 2000 Jahren sind die Shetlandinseln die Heimat dieses Ponys. Mit einer Größe bis zu 100 cm ist es die kleinste britische Rasse. Im 19. Jahrhundert wurden sehr viele Tiere exportiert und auf dem Festland als Grubenponys gezüchtet.

HERKUNFTSLAND: Shetland und Orkney Islands, Großbritannien.
FARBEN: Rappen, Braune, Dunkelbraune, Füchse, Schimmel und Schecken.
GRÖSSE: Bis 104 cm.
KÖRPERBAU: Kleiner Kopf; schräge Schulter; stämmiger Körper; kurzer Rücken; kurze Extremitäten mit leichtem Behang; kleine, runde Hufe.
BESONDERHEITEN: Zäh; kann Lasten ziehen, die doppelt so schwer sind wie es selbst.

CHARAKTER: Mutig und freiheitsliebend; eigensinnig, aber freundlich.
VERWENDUNG: Reit-, Kutschpony; Kinderpony.

VORFAHREN

KELTISCHES PONY

IRISH DRAUGHT HORSE
KALTBLUT/WARMBLUT

Die Zahl reinrassiger Pferde ist seit dem Rückgang der Landwirtschaft immer mehr gesunken, doch die irische Regierung und die Irish Draught Horse Society bemühen sich um eine Wiederbelebung der Rasse.

HERKUNFTSLAND: Irland.
FARBEN: Braune, Dunkelbraune, Füchse, Schimmel.
GRÖSSE: 152–173 cm.
KÖRPERBAU: Intelligenter Gesichtsausdruck; kurzer, muskulöser Hals; langer, mächtiger Rumpf; starke Extremitäten mit etwas Behang; große, runde Hufe.
BESONDERHEITEN: Gutes Springvermögen.
CHARAKTER: Ruhig und einfühlsam, willig, aufmerksam.
VERWENDUNG: Jagdpferd, Einkreuzung bei der Zucht von Rennpferden.

VORFAHREN

EINHEIM. RASSEN

CONNEMARA

ENGL. VOLLBLUT

IRISH HALF-BRED
WARMBLUT

Erst seit kurzem wird diese Rasse separat geführt; sie steht noch in der Entwicklung. Die Zuchtauslese bringt ausgezeichnete Spring- und Militarypferde hervor.

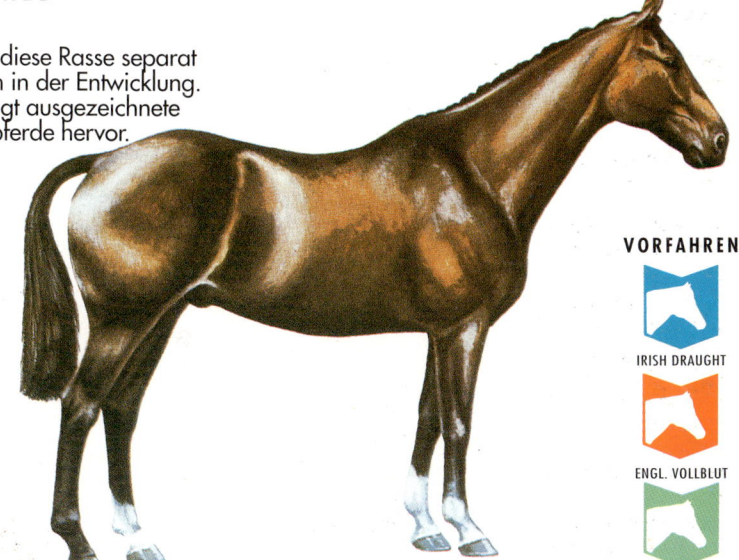

HERKUNFTSLAND: Irland.
FARBEN: Alle Grundfarben.
GRÖSSE: 164 cm.
KÖRPERBAU: Unterschiedlich: entweder zum klassischen Jagdpferdtyp gehörig oder eher Springpferdtyp.
BESONDERHEITEN: Kräftig, athletisch.
CHARAKTER: Intelligent und kühn, einfühlsam.
VERWENDUNG: Jagdreiten, Springreiten, Military.

VORFAHREN

IRISH DRAUGHT

ENGL. VOLLBLUT

CONNEMARA

GROSSBRITANNIEN UND IRLAND

Die in Wales beheimateten Ponys werden von Pferdekennern als die hübscheste britische Ponyrasse angesehen. Das Stutbuch unterscheidet die Sektionen A bis D. Keltische Ponys und Arabische Vollblüter standen Pate für das Welsh Mountain Pony (Sektion A), das seinerseits mit einem kleinen Hengst namens Merlin gekreuzt wurde, der als direkter Abkömmling von The Darley Arabian gilt. Das Ergebnis war das Welsh Pony (Sektion B), auch Merlin genannt. Aus einer Kreuzung des Welsh Mountain Pony mit spanischen Pferden und möglicherweise dem inzwischen ausgestorbenen Old Welsh Carthorse entstand der Welsh Cob (Sektion D), dessen kleinere Version das Welsh Pony (Sektion C) ist.

WELSH MOUNTAIN PONY (SEKTION A)

PONY

HERKUNFTSLAND: Wales, Großbritannien.
FARBEN: Alle Farben außer Schecken.
GRÖSSE: Bis 122 cm.
KÖRPERBAU: Kleiner Hechtkopf; gewölbter Hals mit schräger Schulter; kurzer Rücken; kurze Extremitäten mit feinen Hufen; hochangesetzter Schweif.
BESONDERHEITEN: Sehr ausdauernd.
CHARAKTER: Intelligent, freundlich, mutig und lebhaft.
VERWENDUNG: Reit- und Zuchtpony.

VORFAHREN

KELTISCHES PONY

ARAB. VOLLBLUT

WELSH PONY
(SEKTION B)

PONY

HERKUNFTSLAND: Wales, Großbritannien.
FARBEN: Alle Farben außer Schecken.
GRÖSSE: Bis 134 cm.
KÖRPERBAU: Ähnlich wie das Welsh Mountain Pony, jedoch größer und etwas leichtkalibriger.
BESONDERHEITEN: Sehr ausdauernd, gute Aktion.
CHARAKTER: Intelligent, freundlich, mutig, temperamentvoll.
VERWENDUNG: Reitpony.

WELSH COB
(SEKTION D)

WARMBLUT

Das Welsh Pony (Sektion C) ist eine kleinere Version des Welsh Cob.

HERKUNFTSLAND: Wales, Großbritannien.
FARBEN: Alle Grundfarben.
GRÖSSE: 142–153 cm.
KÖRPERBAU: Kompaktes Fundament; guter Kopf; kräftige Schultern; tiefer, mächtiger Rücken; seidige Behänge.
BESONDERHEITEN: Stark, ausdauernd, hohe Knieaktion.
CHARAKTER: Kühn und energisch, intelligent, ausgeglichen.
VERWENDUNG: Reit- und Kutschpferd.

VORFAHREN

ORIENTAL. RASSEN

WELSH PONY

TRABER

VORFAHREN

WELSH MOUNTAIN PONY

WELSH COB

ENGL. VOLLBLUT
(HENGST MERLIN XX, DIREKTER NACHKOMME VON DER DARLEY ARABIAN OX)

GROSSBRITANNIEN UND IRLAND

VORFAHREN

FRIESE

OLD ENGLISH BLACK HORSE

FLÄMISCHES PFERD

EINHEIM. RASSEN

SHIRE HORSE
KALTBLUT

Auch wenn die Nachfrage nach Shire Horses als Arbeits- und Zugpferde nur gering ist, sind sie bei Vorführungen aufgrund ihrer stattlichen Größe und ihres enormen Gewichts noch immer eine Attraktion.

HERKUNFTSLAND: Midlands, England.
FARBEN: Rappen, Braune und Schimmel, weiße Abzeichen.
GRÖSSE: 163–183 cm.
KÖRPERBAU: Leicht konvexes Profil; tiefe, breite Brust mit großer Gurttiefe; muskelbepackter Rumpf; lange Extremitäten mit üppigem Behang.
BESONDERHEITEN: Stark; größte Pferderasse der Welt.
CHARAKTER: Sanft, freundlich, fleißig.
VERWENDUNG: Zugpferd, Schaupferd.

HACKNEY
WARMBLUT/PONY

Diese Rasse entstand im 19. Jahrhundert aus heimischen Traberrassen und wurde speziell als elegantes Reisepferd für das allmählich größer werdende Straßennetz gezüchtet.

VORFAHREN

NORFOLK ROADSTER

ENGL. VOLLBLUT

HERKUNFTSLAND: Großbritannien und Irland.
FARBEN: Braune, Dunkelbraune, Rappen.
GRÖSSE: Bis zu 142 cm (Pony), 142–155 cm (Pferd).
KÖRPERBAU: Kleiner Kopf mit konvexem Gesicht; langer Hals; kompakter Rumpf mit tiefer Brust; kurze Beine mit kräftig ausgebildeten Sprunggelenken; feines, seidiges Fell; hochangesetzter, hochgetragener Schweif.
BESONDERHEITEN: Hohe Gangarten.

CHARAKTER: Lebhaft und aufmerksam; mutig.
VERWENDUNG: Vor allem als Kutschpferd.

SUFFOLK PUNCH
KALTBLUT

Der Suffolk Punch galt als bestes Arbeitspferd in der Landwirtschaft. Er ist bis weit
über sein 20. Lebensjahr hinaus arbeits-
fähig. Das Pferd besitzt ein enormes Zug-
vermögen und ist trotz seiner Massigkeit
genügsam, was das Futter angeht.

HERKUNFTSLAND: East Ang-
lia, England.
FARBEN: Füchse in sieben
Schattierungen (u.a. Rot-,
Gold-, Gelb-, Dunkelfuchs).
GRÖSSE: 163 cm.
KÖRPERBAU: Großer Kopf
auf kräftigem Hals; massige
Schultern; runder, kompakter
Rumpf; trockenes Fundament
mit kurzen Röhrenknochen.
BESONDERHEITEN: Stark, gu-
te Aktion, langlebig.
CHARAKTER: Sanftmütig,
dabei aber aktiv, intelligent.
VERWENDUNG: Zugpferd.

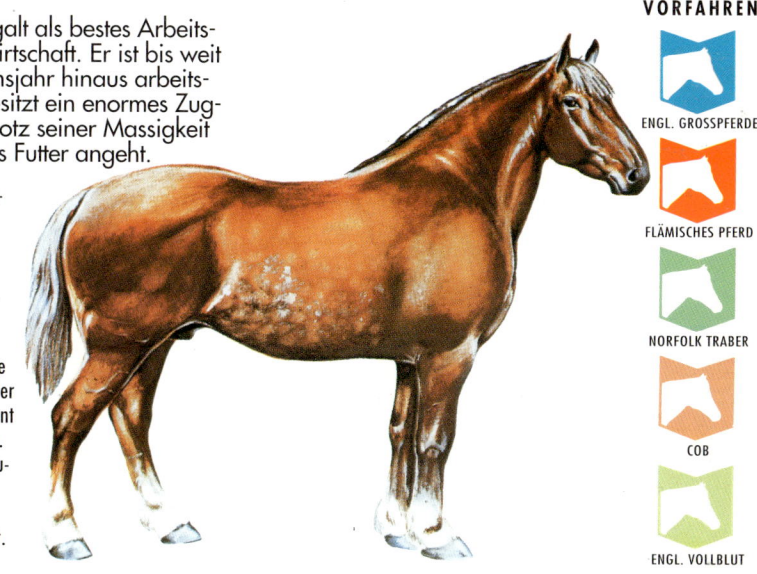

VORFAHREN

ENGL. GROSSPFERDE

FLÄMISCHES PFERD

NORFOLK TRABER

COB

ENGL. VOLLBLUT

CLEVELAND BAY
WARMBLUT

Cleveland Bay ist vermutlich die älteste britische Pferderasse und entstand im Nord-
osten Englands als Saumpferd. Direkter
Ahnherr war ein Pferd, das von mittelalterlichen Händlern auf ihren Reisen verwendet wurde, das Chapmen Horse.

HERKUNFTSLAND: Yorkshire,
England.
FARBEN: Braune (»bay« heißt
braun), kleiner Stern erlaubt.
GRÖSSE: 154–163 cm.
KÖRPERBAU: Großer Kopf auf
langem Hals; langer Rumpf
mit guter Gurttiefe; kurze,
trockene Extremitäten.
BESONDERHEITEN: Stark und
wendig; langlebig.
CHARAKTER: Intelligent, ein-
fühlsam, ruhig, gut lenkbar.
VERWENDUNG: Kutsch- und
Reitpferd.

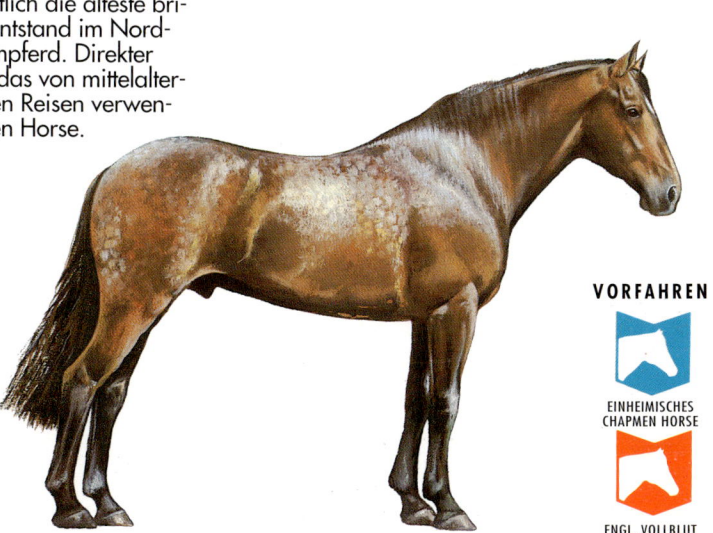

VORFAHREN

EINHEIMISCHES
CHAPMEN HORSE

ENGL. VOLLBLUT

CAMARGUE-PFERD
PONY

Dieses in Frankreich als Crin blanc (weiße Mähne) bezeichnete Wildpferd ist eine alte Rasse, die in den Marschen des Rhône-Deltas noch immer frei umherzieht. Eingefangene und zugerittene Tiere sind bei den »guardians«, den provenzalischen Viehtreibern, sehr beliebt und werden auch bei den Corridas mit den ebenso berühmten schwarzen Stieren eingesetzt. Camargue-Pferde gelten erst seit 1968 als eigenständige Rasse. Einmal im Jahr werden die Herden zusammengetrieben. Ein Teil der Hengste wird »gelegt« (kastriert), um den Bestand zu kontrollieren und die Qualität der Rasse zu erhalten.

HERKUNFTSLAND: Camargue, Südfrankreich.
FARBEN: Schimmel; die Fohlen werden dunkel geboren und schimmeln im Laufe der Zeit aus.
GRÖSSE: 134–144 cm.
KÖRPERBAU: Großer Kopf vom orientalischen Typus mit gerader Nase; kurze, steile Schulter und kurzer Rücken; schmale Hinterhand; trockene Extremitäten mit großen Hufen.
BESONDERHEITEN: Widerstandsfähig.
CHARAKTER: Nach der Zähmung lenkbar und zuverlässig.
VERWENDUNG: Viehhüten, Wanderreiten.

VORFAHREN

ALTE EINHEIM. RASSEN

ARAB. VOLLBLUT

BERBER

TRAKEHNER
WARMBLUT

Das 1732 gegründete ostpreußische Hauptgestüt Trakehnen (befindet sich heute auf polnischem Gebiet) züchtete Warmblutpferde aus dem einheimischen Schwieken (Landschlagpferd). Im Nachkriegswinter 1945/46 brachten Flüchtlinge rund 800 Trakehnerstuten und 45 Hengste in den Westen, wo die Zucht allmählich wiederaufgebaut wurde. Die zurückbleibenden Pferde bildeten die Grundlage für die polnische Wielkopolski-Rasse.

VORFAHREN

SCHWIEKEN

ARAB. VOLLBLUT

ENGL. VOLLBLUT

HERKUNFTSLAND: Deutschland/Polen.
FARBEN: Alle Grundfarben, überwiegend dunkel.
GRÖSSE: 163–165 cm.
KÖRPERBAU: Eleganter Kopf und langer Hals; hochstehender Widerrist; tiefe Brust; kräftiger Rücken und leicht gerundete Kruppe; schlanke Extremitäten mit gut geformten Hufen.

BESONDERHEITEN: Elegantes, edles Pferd mit hervorragenden Gangarten.
CHARAKTER: Temperamentvoll, mutig, wendig und gefügig.
VERWENDUNG: Reit- und Turnierpferd.

*B*RABANTER
KALTBLUT

Die Brabanter oder Belgier gehören zu den stärksten Kaltblutrassen und gelten als direkte Nachfahren des flämischen Streitrosses. Das in Belgien als Ackerpferd eingesetzte Tier wurde auch zur Veredelung anderer Kaltblutrassen wie des Rheinländers und Ardenners eingesetzt. Das Ergebnis ist ein außergewöhnliches Pferd, das in der Zucht stets reinrassig bleibt.

VORFAHREN

FLÄMISCHES PFERD

HERKUNFTSLAND: Brabant, Belgien.
FARBEN: Meist Braunschimmel mit schwarzen Abzeichen; gelegentlich Braune, Dunkelbraune, Falben oder Schimmel.
GRÖSSE: 164 cm.

KÖRPERBAU: Eckiger, relativ kleiner Kopf auf starkem, massigem Hals; massive Schultern; kurzer, kompakter Rumpf mit mächtiger Hinterhand; kurze, starke Extremitäten mit etwas Behang.

BESONDERHEITEN: Stark, gute Aktion und eindrucksvolle Erscheinung.
CHARAKTER: Folgsam, willig, dabei aber aktiv und mutig.
VERWENDUNG: Zugpferd.

PERCHERON
KALTBLUT

Diese berühmteste französische Zugpferdrasse stammt aus dem Gebiet von La Perche, das
im Pariser Becken liegt. Sie wurde ursprünglich
als Streitroß gezüchtet, das kräftig genug für
Ritter und ihre schwere Rüstung war. Spätere
Zucht ergab ein sehr starkes Ackerpferd, das
dank arabischer Einkreuzungen eleganter als
andere Kaltblutrassen wirkt. Der Boulonnais,
eine andere schwere Zugpferdrasse aus Nord-
frankreich, sieht dem Percheron sehr ähnlich,
ebenso der etwas kleinere Postier Percheron.

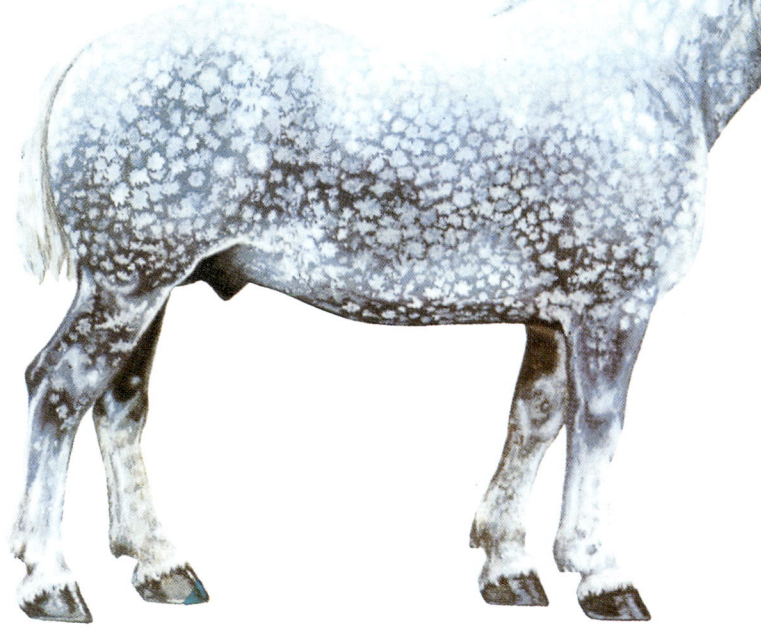

HERKUNFTSLAND: Frankreich.
FARBEN: Schimmel oder
Rappen.
GRÖSSE: 154–173 cm.
KÖRPERBAU: Gerades Profil;
langer, schön gewölbter Hals;
tiefe, ausladende Brust; kur-
zer Rumpf; gewaltige Hinter-
hand; dicke, muskelbepackte
Extremitäten fast ohne
Behang; üppiges Langhaar.
BESONDERHEITEN: Eindrucks-
volle Erscheinung, gute
Aktion.
CHARAKTER: Aktiv, intelligent
und gutmütig.
VERWENDUNG: Zugpferd.

VORFAHREN

ORIENTAL. RASSEN

SCHWERE
ZUGPFERDRASSEN

NORMÄNNER

FRIESE
WARMBLUT

Die Ursprünge der Friesen, einer der ältesten europäischen Pferderassen, sind unbekannt. Schon bei den Römern war die Rasse beliebt, und einer ihrer schwergewichtigen Vorfahren soll bereits vor über 3000 Jahren in Friesland heimisch gewesen sein. Das besondere Merkmal der Friesen ist ihr schneller Trab mit hoher Aktion, so daß sie für Rennen ebenso beliebt sind wie für Shows und den Zirkus.

VORFAHREN

FRIES. PFERDERASSEN

ANDALUSIER

ARAB. VOLLBLUT

BERBER

OLDENBURGER

HERKUNFTSLAND: Friesland, Niederlande.
FARBEN: Rappen.
GRÖSSE: 152 cm.
KÖRPERBAU: Trockener, langer Kopf; gewölbter Hals; starker, kompakter Rumpf; gerundete Kruppe; kurze Extremitäten mit Behang, üppiges Langhaar.

BESONDERHEITEN: Eindrucksvolle Erscheinung.
CHARAKTER: Ruhig, willig.
VERWENDUNG: Reit- und Wagenpferd, vielseitiges Arbeitspferd.

FRANZÖSISCHER TRABER
WARMBLUT

Als 1836 in Cherbourg die erste Trabrennbahn
Frankreichs eröffnet wurde, löste dies eine große Nachfrage nach hochwertigen Pferden aus.
Zunächst kreuzte man Norfolk-Traber und Anglo-Normänner, später wurden auch Rassen
wie etwa American Standardbred eingekreuzt.

HERKUNFTSLAND: Calvados
(Normandie), Frankreich.
FARBEN: Überwiegend Füchse,
Braune, Dunkelbraune.
GRÖSSE: 164 cm.
KÖRPERBAU: Intelligenter Kopf;
starke, gerade Schulter; kurzer
Rücken; muskulöse, sehr kräfti-
ge Hinterhand; lange, trockene
Extremitäten mit kurzen Röh-
renknochen.
BESONDERHEITEN: Schnell.
CHARAKTER: Willig und zäh,
viel Wettkampfgeist.
VERWENDUNG: Traber, Reit-
pferd, Einkreuzungen.

VORFAHREN

NORFOLK TRABER

EINHEIM. RASSEN

AM. STANDARDBRED

ANGLO-ARABER
WARMBLUT

Als eigenständige Rasse wurde der Anglo-Araber
zunächst in Frankreich gezüchtet; ihr entstammen
ausgezeichnete Rennpferde. Man verwendet sie
auch vielfach zur Veredelung anderer Rassen wie
beispielsweise des Selle Française.

HERKUNFTSLAND:
Großbritannien, Frankreich,
Polen.
FARBEN: Alle Grundfarben.
GRÖSSE: 163 cm.
KÖRPERBAU: Feiner Kopf;
deutlich markierter Widerrist;
tiefe Brust; kurzer Rücken
und gut proportionierte Hin-
terhand; lange, schlanke Ex-
tremitäten; hochangesetzter
Schweif.
BESONDERHEITEN: Ausdauer,
flüssige Bewegungen.
CHARAKTER: Kühn, lebhaft,
intelligent, ausgeglichen.

VERWENDUNG: Reit-,
Rennpferd; Turniere.

VORFAHREN

ORIENTAL. RASSEN

ARAB. VOLLBLUT

ENGL. VOLLBLUT

HANNOVERANER
WARMBLUT

Die Rasse der Hannoveraner entstand im 1735 gegründeten Landgestüt Celle und veränderte sich im Laufe der Jahrhunderte mehrfach. Die zunächst als Wirtschafts- und Kutschpferd konzipierte Rasse wurde später den Bedürfnissen der Kavallerie angepaßt und nach dem Ersten Weltkrieg als Arbeits- und Reitpferd weitergezüchtet. Seit Ende des Zweiten Weltkriegs züchtet man Hannoveraner als Sport- und Reitpferde.

VORFAHREN

GROSSES STREITROSS

HOLSTEINER

ENGL. VOLLBLUT

CLEVELAND BAY

ANDALUSIER

TRAKEHNER

ARAB. VOLLBLUT

HERKUNFTSLAND: Hannover und Niedersachsen.
FARBEN: Alle Grundfarben.
GRÖSSE: 155–173 cm.
KÖRPERBAU: Unterschiedlich, meist kompakter, kräftiger Rumpf auf kurzen, starken Extremitäten.

BESONDERHEITEN: Sportlich.
CHARAKTER: Intelligent, einfühlsam, willig und mutig.
VERWENDUNG: Reit- und Turnierpferd.

LIPIZZANER
WARMBLUT

Lipizzaner gehören zu den bekanntesten Pferderassen der Welt, was überwiegend auf die Spanische Hofreitschule in Wien zurückzuführen ist. Dort wird noch heute die Hohe Schule mit erstklassigen Dressurpferden so vorgeführt, wie es im 17. Jahrhundert an europäischen Fürstenhöfen üblich war. Erzherzog Karl brachte andalusische Hengste nach Österreich, ließ sie erstmals zu reinen Dressurpferden ausbilden und auf dem Gestüt Lipizza als Beschäler der dortigen Stuten einsetzen.

VORFAHREN

ARAB. VOLLBLUT

BERBER

ANDALUSIER

NEAPOLITANER

KLADRUBER

FREDERIKSBORGER

HERKUNFTSLAND: Österreich.
FARBEN: Schimmel (bei Geburt dunkel, wird im Laufe der Jahre immer heller).
GRÖSSE: 152–163 cm.
KÖRPERBAU: Recht großer Kopf mit geradem Profil und kleinen Ohren; gewölbter Hals; kompakter Rumpf; kräftige, gut gerundete Hinterhand; starke, trockene Gliedmaßen.
BESONDERHEITEN: Sportlich, spät reifend.
CHARAKTER: Intelligent, gehorsam und willig.
VERWENDUNG: Hohe Schule, Kutschpferd.

WESTEUROPA

*B*RETONE
KALTBLUT

Im 19. Jahrhundert wurden die mächtigen bretonischen Zugpferde mit Norfolk-Trabern und Hackneys gekreuzt, so daß ein leichteres, eleganteres Pferd mit feineren Gangarten entstand: der Postier. Die beiden bretonischen Typen werden im selben Stutbuch in zwei verschiedenen Abteilungen geführt.

VORFAHREN

EINHEIM. RASSEN

PERCHERON

ARDENNER

BOULONNAIS

HERKUNFTSLAND: Frankreich.
FARBEN: Schimmel, Füchse, Braune.
GRÖSSE: 152–163 cm (Zugpferd), bis 152 cm (Postier).
KÖRPERBAU: Breiter, kurzer Kopf; kräftiger Hals; ausladender Rumpf; kurze, muskulöse Gliedmaßen mit leichtem Behang. Postiers weisen ein leichteres Kaliber auf und wirken eleganter.

BESONDERHEITEN: Stark und aktiv (Zugpferd etwas bedächtiger).
CHARAKTER: Lebhaft, intelligent und gutmütig.
VERWENDUNG: Leichtes Zugpferd, Wirtschaftspferd.

FREIBERGER
WARMBLUT

Der auch als Franches Montagnes bekannte Freiberger ist in seiner Schweizer Heimat hochgeschätzt und ersetzt noch heute in steilen Hanglagen den Traktor. Auch die Schweizer Armee benutzt diese Pferde in den Bergen für den Transport von Menschen und Material. Die Zucht der Rasse unterliegt der Kontrolle durch das staatliche Gestüt in Avenches; dieses legt mehr Wert auf den Charakter und die Eignung des Pferdes als auf sein Exterieur.

VORFAHREN

NORMÄNNER

ANGLO-NORMÄNNER

ENGL. VOLLBLUT

ZUGPFERDRASSEN

HERKUNFTSLAND: Jura, Schweiz.
FARBEN: Praktisch alle Grundfarben.
GRÖSSE: 145–154 cm.
KÖRPERBAU: Kleiner Kopf auf kompaktem Rumpf; starke Extremitäten mit wenig Behang; Exterieur nicht einheitlich festgelegt.

BESONDERHEITEN: Stark, sehr ausdauernd, trittsicher.
CHARAKTER: Aktiv, fleißig, sanftmütig.
VERWENDUNG: Wirtschaftspferd.

*O*LDENBURGER
WARMBLUT

Oldenburger werden schon seit dem frühen 17. Jahrhundert in Nordwestdeutschland gezüchtet. Nach Ende des Zweiten Weltkriegs kreuzte man die Rasse mit Vollblütern und Trakehnern, so daß ein leichtes Allroundpferd – und heute sogar ein Reitpferd – entstand.

VORFAHREN

FRIESE

ANDALUSIER

BERBER

HANNOVERANER

CLEVELAND BAY

ENGL. VOLLBLUT

ANGLO-NORMÄNNER

HERKUNFTSLAND: Oldenburg und Ostfriesland.
FARBEN: Alle Grundfarben, überwiegend Rappen, Braune und Dunkelbraune.
GRÖSSE: 165–175 cm.
KÖRPERBAU: Gerades Profil; kräftiger Hals; Brust und Rumpf muskulös; kräftige Hinterhand; kurze Gliedmaßen.

BESONDERHEITEN: Früh reifend.
CHARAKTER: Mutig, einfühlsam.
VERWENDUNG: Reit-, Kutsch- und Turnierpferd.

OSTFRIESE
WARMBLUT

Bis zur Jahrhundertmitte wurden Ostfriese und Oldenburger parallel gezüchtet, beide Rassen jedoch ständig wechselseitig eingekreuzt und vermischt. Inzwischen wurde der Ostfriese mit arabischem Vollblut und Hannoveranern zu einem leichteren Pferd weiterentwickelt.

HERKUNFTSLAND: Ostfriesland.
FARBEN: Alle Grundfarben.
GRÖSSE: 154–165 cm.
KÖRPERBAU: Ähnlich wie Oldenburger, aus denen die Rasse entstand, jedoch von leichterem Kaliber und mit eleganterem Kopf.
BESONDERHEITEN: Ausgeglichenes Temperament.
CHARAKTER: Mutig, lebhaft und gutmütig.
VERWENDUNG: Reit- und Kutschpferd.

VORFAHREN

OLDENBURGER

ARAB. VOLLBLUT

HANNOVERANER

HAFLINGER
PONY

Alle Vertreter der Haflingerrasse können auf den Araberhengst El Bedavi XXII. zurückgeführt werden, der zum Decken Südtiroler Landstuten eingesetzt wurde. Sein Sohn Folie sorgte für die typische Färbung der Rasse.

FARBEN: Füchse mit hellem Langhaar.
GRÖSSE: 142 cm.
KÖRPERBAU: Mittelgroßer, leicht keilförmiger Kopf; kräftiger Hals; gute Gurttiefe; langer, breiter Rücken; muskulöse Hinterhand und kurze Gliedmaßen.
BESONDERHEITEN: Genügsam, robust, trittsicher, langlebig.
CHARAKTER: Eifrig, gutmütig.
VERWENDUNG: Saum-, Reit-, Kutschpony, Freizeitpferd im Gebirge.

VORFAHREN

EINH. BERGRASSEN

ARAB. VOLLBLUT

HERKUNFTSLAND: Tirol (Österreich), Südtirol (Italien).

HOLSTEINER
WARMBLUT

Der Holsteiner wird seit dem 14. Jahrhundert im schleswig-holsteinischen Marschland gezüchtet und war ursprünglich ein schweres, sehr kräftiges Pferd. Mit Erfolg begann man im 19. Jahrhundert, die Rasse zu einem leichteren, feineren Typus zu verfeinern.

HERKUNFTSLAND: Elmshorn, Schleswig-Holstein.
FARBEN: Fast alle Grundfarben.
GRÖSSE: 163–173 cm.
KÖRPERBAU: Eleganter Kopf; kräftiger Hals; mächtige Schultern; gute Gurttiefe; kompakter Rumpf; kräftige Hinterhand und kurze Gliedmaßen.

BESONDERHEITEN: Gute Gangaktion.
CHARAKTER: Intelligent, willig und kühn, vielseitig, freundlich.
VERWENDUNG: Reit- und Turnierpferd.

VORFAHREN

MARSCHPFERD

ANDALUSIER

NEAPOLITANER

CLEVELAND BAY

ENGL. VOLLBLUT

SCHLESWIGER
KALTBLUT

Diese Rasse wurde im Laufe des 19. Jahrhunderts als Wirtschaftspferd für schwere
Arbeiten in der Landwirtschaft gezüchtet.
Deshalb verwendete man vor allem
schwere Kaltblutrassen, beispielsweise
den Jütländer, ein dänisches Streitroß,
das schon den Wikingern als Reittier
gedient haben soll.

HERKUNFTSLAND: Deutsch-
land.
FARBEN: Meist Füchse mit
hellem Langhaar.
GRÖSSE: 153–163 cm.
KÖRPERBAU: Großer Kopf
mit konvexem Profil; kurzer,
muskulöser Hals; gute Gurttiefe; langer, flacher Körper
auf kurzen, kräftigen Extremitäten; leichter Behang.
BESONDERHEITEN: Aktiv, gute
Aktion.
CHARAKTER: Willig und
freundlich.
VERWENDUNG: Zugpferd.

VORFAHREN

JÜTLÄNDER

SUFFOLK PUNCH

BOULONNAIS

BRETONE

51

GELDERLÄNDER (GRONINGER)
WARMBLUT

Diese ursprünglich als Wirtschaftspferd gezüchtete Rasse wurde im 19. Jahrhundert
als Reit- und Zugpferd eingesetzt, im Laufe
des 20. Jahrhunderts jedoch zu einem
erstklassigen Wagenpferd weiterentwickelt.

VORFAHREN

EINHEIM. RASSEN

ANDALUSIER

NORFOLK-TRABER

OLDENBURGER

ANGLO-NORMÄNNER

OSTFRIESE

HACKNEY

HERKUNFTSLAND: Geldern,
Niederlande.
FARBEN: Grundfarben, über-
wiegend Füchse, Schimmel.
GRÖSSE: 154–163 cm.
KÖRPERBAU: Relativ großer
Kopf mit konvexem Profil;
kräftiger, geschwungener
Hals und schräge Schulter;
kompakter Körper; kräftige
Hinterhand und kurze Extre-
mitäten; hochangesetzter
Schweif.
BESONDERHEITEN: Hohe, ele-
gante Aktion und großartige
Erscheinung.
CHARAKTER: Ausgeglichen
und gutmütig; aktiv.
VERWENDUNG: Reit- und
Kutschpferd.

SCHWEDISCHER ARDENNER
KALTBLUT

Diese Rasse wurde im 19. Jahrhundert aus einer Kreuzung mit Belgischen Ardennern und dem Nordschwedischen Pferd entwickelt. Zahlenmäßig ist sie sehr zurückgegangen, da man sie als landwirtschaftliches Arbeitspferd kaum benötigt. Sie wird jedoch beim Holztransport eingesetzt.

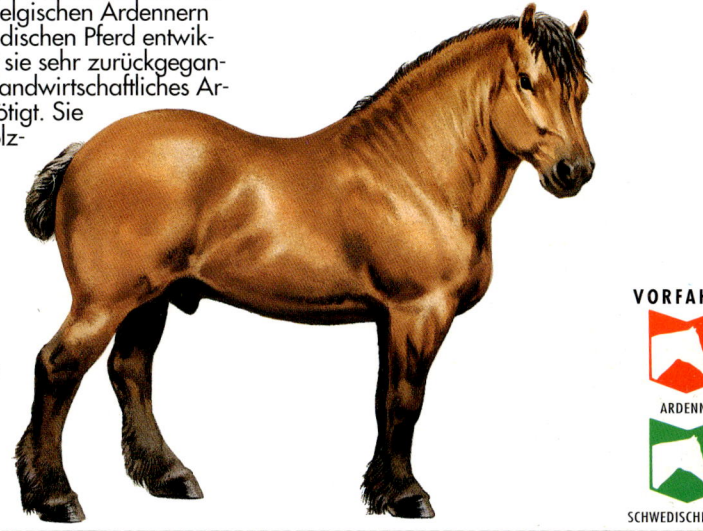

HERKUNFTSLAND: Schweden.
FARBEN: Rappen, Dunkelbraune, Braune und Füchse.
GRÖSSE: 154–163 cm.
KÖRPERBAU: Kleiner Kopf auf gewölbtem Hals; enorm muskulöser, kompakter Körper mit kurzen Extremitäten; wenig Behang.
BESONDERHEITEN: Genügsam, sehr stark, arbeitsam.
CHARAKTER: Freundlich, gutmütig, energisch.
VERWENDUNG: Zugpferd.

VORFAHREN

ARDENNER

SCHWEDISCHES PFERD

KNABSTRUPPER
WARMBLUT

Der Knabstrupper stammt aus Dänemark und läßt sich bis in die Zeit der Napoleonischen Kriege zurückverfolgen, als eine aus Spanien stammende getupfte Stute mit dem Namen Flaebehoppen von einem isabellfarbenen Frederiksborger Hengst gedeckt wurde. Wie beim Appaloosa ist jedes Pferd ganz individuell gemustert.

HERKUNFTSLAND: Dänemark.
FARBEN: Tigerschecken (Schimmel mit dunkleren Tupfen).
GRÖSSE: 155 cm.
KÖRPERBAU: Unterschiedlich; ähnlich wie Frederiksborger, jedoch etwas leichter gebaut.
BESONDERHEITEN: Aktiv; wird vor allem wegen der ausgefallenen Färbung gezüchtet.

CHARAKTER: Intelligent und fügsam.
VERWENDUNG: Reit- und Zirkuspferd.

VORFAHREN

SPANISCHE PFERDE

FREDERIKSBORGER

SCHWEDISCHES WARMBLUT
WARMBLUT

Diese Rasse wurde vor rund 300 Jahren als Kavalleriepferd gezüchtet. Seit Eröffnung des Stutbuchs im Jahr 1894 steht die Rasse unter ständiger Überwachung hinsichtlich Exterieur, Interieur und Leistung. Das Schwedische Warmblut erfreut sich überall auf der Welt vor allem als Spring- und Turnierpferd, aber auch als Dressurpferd zunehmender Beliebtheit.

HERKUNFTSLAND: Schweden.
FARBEN: Alle Grundfarben.
GRÖSSE: 154–166 cm.
KÖRPERBAU: Kleiner, eleganter Kopf; kräftige, stark abgeschrägte Schulter; tiefer Rumpf mit geradem Rücken; gerundete Kruppe; feine Extremitäten mit kurzen Röhrenknochen.

BESONDERHEITEN: Extravagante, schwungvolle Aktion.
CHARAKTER: Intelligent, einfühlsam, gehorsam, mutig.
VERWENDUNG: Reit- und Wagenpferd.

VORFAHREN

ARAB. VOLLBLUT

BERBER

ANDALUSIER

FRIESE

EINHEIM. RASSEN

ENGL. VOLLBLUT

TRAKEHNER

HANNOVERANER

FJORDPFERD
PONY

Diese alte, ursprüngliche Rasse wurde nur durch wenige Einkreuzungen verändert und ähnelt noch heute dem Asiatischen Wildpferd, das auf prähistorischen Höhlenbildern zu sehen ist. Bereits die Wikinger bedienten sich des »Fjording« als Reitpony; in Berggebieten wird es noch heute häufig als Wirtschafts- und Zugpferd eingesetzt. Außerdem ist es ein beliebtes Reitpony für Kinder und wird bei Wettbewerben aller Art verwendet.

HERKUNFTSLAND: Norwegen.
FARBEN: Gelb- oder Graufalbe mit ausgeprägtem Aalstrich, zweifarbigem silberschwarzem Langhaar.
GRÖSSE: 132–144 cm.
KÖRPERBAU: Konkaves Profil; kurzer Hals, der absatzlos in die Schulter übergeht; kräftiger Rumpf; kurze Extremitäten mit etwas Behang; grobe Stehmähne.
BESONDERHEITEN: Trittsicher, sehr ausdauernd.
CHARAKTER: Freundlich, eigensinnig und arbeitsam, gelehrig.
VERWENDUNG: Wirtschafts- und Saumpferd; Wagen-, Gebirgs- und Kinderpony.

VORFAHREN

ASIAT. WILDPFERD

SKANDINAVIEN

DØLE-PFERD
WARMBLUT

Das Døle-Pferd gehört zu einer alten norwegischen Rasse, die etwa zwei Drittel aller in Norwegen gehaltenen Pferde ausmacht. Für unterschiedliche Verwendungszwecke wurden diverse Untergruppen gezüchtet, wie der schnelle Døle-Traber, der heute bei Trabrennen eingesetzt wird.

HERKUNFTSLAND: Norwegen.
FARBEN: Grundfarben, meist Rappen, Dunkelbraune und Braune.
GRÖSSE: 144–154 cm.
KÖRPERBAU: Vom Zugpferdtyp bis zu ponyähnlichen Pferden; kleiner Kopf auf gewölbtem Hals; kräftige Schultern; gute Gurttiefe; kräftige Hinterhand; kurze Extremitäten mit mäßigem Behang.
BESONDERHEITEN: Robust und wendig.
CHARAKTER: Anpassungsfähig und geduldig.

VERWENDUNG: Reit- und Kutschpferd, leichtes Zugpferd.

VORFAHREN

EINHEIM. RASSEN

ENGL. VOLLBLUT

DÄNISCHE ZUGPFERDRASSEN

FREDERIKSBORGER
WARMBLUT

Nachdem das 1562 gegründete königlich-dänische Gestüt Frederiksborg alle europäischen Fürstenhöfe bis ins späte 18. Jahrhundert hinein mit hochwertigen Reitpferden beliefert hatte, wurde das Stutbuch 1839 geschlossen. Die Rasse wird seit 1923 wieder eingetragen, jedoch bisher nur in geringem Umfang gezüchtet.

HERKUNFTSLAND: Dänemark.
FARBEN: Überwiegend Füchse.
GRÖSSE: 154–163 cm.
KÖRPERBAU: Großer, leicht konvexer Kopf; kräftiger Hals und gut ausgebildete Schulter; langer, muskulöser Körper; gerade Kruppe; kräftige Extremitäten.
BESONDERHEITEN: Stark und aktiv, gutes Kutschpferd.
CHARAKTER: Ausgeglichen, folgsam.
VERWENDUNG: Reit- und Kutschpferd.

VORFAHREN

ANDALUSIER

NEAPOLITANER

FINNISCHES PFERD
KALTBLUT

Da die Finnen bei der Pferdezucht traditionell einen größeren Wert auf Leistung als auf das Exterieur legen, gibt es das Finnische Pferd in einer schwereren und einer leichteren Variante sowie als Traber für Wettrennen. Alle drei sind für ihre Schnelligkeit, Ausdauer und Wendigkeit bekannt.

HERKUNFTSLAND: Finnland.
FARBEN: Füchse, Braune, Dunkelbraune und Rappen.
GRÖSSE: 154 cm.
KÖRPERBAU: Kurzer Hals; gerade Schultern; tiefer Brustkorb; langer Rücken und starke Hinterhand; kräftige Extremitäten mit leichtem Behang.
BESONDERHEITEN: Robust und schnell, langlebig.
CHARAKTER: Gelassen und fügsam, lebhaft, intelligent.
VERWENDUNG: Wirtschafts- und Reitpferd, Traber.

VORFAHREN

EINHEIMISCHE WALDPONYS

FINN. ZUGPFERD

ISLANDPONY
PONY

Die verschiedenen Arten der Islandponys zeichnen sich alle durch Ausdauer, Stärke und Trittsicherheit aus. Als besondere Gangarten beherrschen sie den Paßgang und den Tölt, einen raschen Viertaktschritt, der sich vor allem auf vereisten, steilen Böden bewährt.

HERKUNFTSLAND: Island.
FARBEN: Fast alle Farben.
GRÖSSE: 122–132 cm.
KÖRPERBAU: Großer Kopf auf starkem, kurzem Hals; tiefer, kompakter Körper mit kräftigen, trockenen Extremitäten und großen Hufen; dichtes Langhaar.
BESONDERHEITEN: Robust, Anlage zu Tölt und Paßgang.
CHARAKTER: Gelehrig, freundlich und eigenwillig.
VERWENDUNG: Wirtschafts- und Grubenpony, Saum- und Zugpferd.

VORFAHREN

FJORDPFERD

KELTISCHES PONY

SÜDEUROPA

LUSITANO
WARMBLUT

Diese Rasse wurde früher als Kavalleriepferd genutzt und auch von Bauern wegen ihrer Kraft geschätzt. Bekanntheit erlangte sie als Reittier der portugiesischen Stierkämpfer. Die Pferde sind für ihre Wendigkeit und Schnelligkeit ebenso berühmt wie für ihren Mut.

HERKUNFTSLAND: Süd- und Mittelportugal.
FARBEN: Meist Schimmel, aber auch die anderen Grundfarben.
GRÖSSE: 152–163 cm.
KÖRPERBAU: Kleiner Kopf mit kleinen Ohren und geradem Profil; muskulöser Hals; kompakter Rumpf; kräftige Hinterhand; lange, trockene Beine; üppiges Langhaar.
BESONDERHEITEN: Zäh.
CHARAKTER: Intelligent, aufmerksam und sehr mutig.
VERWENDUNG: Reitpferd, Einsatz bei Stierkämpfen.

VORFAHREN

ANDALUSIER

ARAB. VOLLBLUT

ITALIENISCHES ZUGPFERD
KALTBLUT

Der Arbeitseifer dieser mit einer auffälligen Flachsmähne versehenen Pferde machte sie für die italienischen Bauern bis zur Einführung des Traktors unentbehrlich. Heute ist die Zahl der Tiere stark rückläufig.

HERKUNFTSLAND: Nord- und Mittelitalien.
FARBEN: Schweißfüchse mit hellem Langhaar.
GRÖSSE: 152–163 cm.
KÖRPERBAU: Feiner, langer Kopf auf kurzem, gewölbtem Hals; tiefe, breite Brust; robuster Körper mit breitem, flachem Rücken; gerundete Hinterhand; muskulöse Extremitäten mit etwas Behang.
BESONDERHEITEN: Schnell und stark.
CHARAKTER: Aktiv, willig und sanftmütig.
VERWENDUNG: Wirtschaftspferd, Schlachtpferd.

VORFAHREN

BRETONE

SKYROS-PONY
PONY

Das Skyros-Pony ist die kleinste der griechischen Pferderassen und auch die bekannteste. Auf seiner Heimatinsel wird es als Saumpferd und für leichte Arbeiten verwendet, auf dem Festland hingegen überwiegend als Kinder-Reitpony.

HERKUNFTSLAND: Skyros, Griechenland.
FARBEN: Falben, Braune und Schimmel.
GRÖSSE: 92–112 cm.
KÖRPERBAU: Kleiner Kopf mit kleinen Ohren; kurzer Hals, steile Schulter; schmaler Rumpf; lange Beine mit Neigung zu Kuhsprunggelenken.
BESONDERHEITEN: Bekannteste der griechischen Ponyrassen.
CHARAKTER: Fleißig.
VERWENDUNG: Saum- und Wirtschaftspferd, Kinderpony.

VORFAHREN

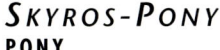

TARPAN

BOSNIAKE
PONY

Dieser Abkömmling des in Osteuropa heimischen wilden Tarpans stammt aus dem Berggebiet von Bosnien-Herzegowina, wird aber im gesamten Landstrich als Arbeits- und Reitpony eingesetzt.

HERKUNFTSLAND: Bosnien-Herzegowina.
FARBEN: Falben, Braune, Füchse, Schimmel und Rappen.
GRÖSSE: 124–152 cm.
KÖRPERBAU: Kompaktes Bergpony, dichtes Langhaar.
BESONDERHEITEN: Robust und ausdauernd.
CHARAKTER: Intelligent.
VERWENDUNG: Saumpony, Wirtschaftspferd.

VORFAHREN

TARPAN

ARAB. VOLLBLUT

SÜDEUROPA

ANDALUSIER
WARMBLUT

Der elegante, für die Hohe Schule der Dressur besonders geeignete Andalusier wurde für die Entwicklung vieler neuer Rassen eingesetzt, so etwa für die österreichischen Lipizzaner. Sein Blut findet sich auch in den »tanzenden« Pferden Amerikas wie dem Peruvian Stepping Horse und dem Paso Fino. Die Karthäusermönche von Jerez schützten die Andalusierrasse vor den Verwüstungen durch den Spanienfeldzug Napoleons und legten mit Erfolg ein neues Stutbuch an. Heute ist die Rasse sehr begehrt und hat viele Verehrer.

HERKUNFTSLAND: Andalusien, Spanien.
FARBEN: Meist Schimmel.
GRÖSSE: 154–163 cm.
KÖRPERBAU: Breite Stirn, große Augen und konvexes Profil; langer, gewölbter Hals; kurzer, tiefer Körper; starke, gerundete Hinterhand; kräftige Extremitäten mit kurzen Röhrenknochen; sehr üppiges Langhaar.
BESONDERHEITEN: Flink und sportlich, sehr elegante hohe Gangarten und eine großartige Erscheinung.

CHARAKTER: Sanft, willig, stolz und liebevoll.
VERWENDUNG: Hohe Schule, Dressur, Paraden, Stierkämpfe.

VORFAHREN

EINHEIM. RASSEN

BERBER

ARAB. VOLLBLUT

ALTÉR REAL
WARMBLUT

Das Nationalpferd Portugals ist mit seinem Nachbarn, dem Andalusier, eng verwandt und wurde im 18. Jahrhundert aus dieser
Rasse als Pferd für die damals beliebten Vorführungen der
Hohen Schule weitergezüchtet. Nachdem die Rasse durch
Krieg, Einkreuzungen und den sich ändernden Mode-
geschmack einen Tiefpunkt erreicht hatte, wird
der Altér Real heute erneut in gewohnter
Qualität gezüchtet und erfreut
sich zunehmender Beliebtheit.

HERKUNFTSLAND: Portugal.
FARBEN: Braune, Dunkelbraune und Schimmel.
GRÖSSE: 152–163 cm.
KÖRPERBAU: Gerades oder
konvexes Profil; kräftige
Schultern; tiefe, breite Brust;
kurzer Rumpf; starke Hinterhand; harte, trockene Beine
mit beweglichen Sprungge-
lenken.
BESONDERHEITEN: Elegantes,
kräftiges Pferd mit hoher
Aktion.

CHARAKTER: Intelligent, tem-
peramentvoll und mutig.
VERWENDUNG: Reitpferd,
Hohe Schule.

VORFAHREN

ANDALUSIER

61

SALERNER
WARMBLUT

Der heute ausgestorbene Neapolitaner lebt im Blut vieler moderner Rassen überall auf der Welt fort. Beim Salerner Pferd gehörte er im 16. Jahrhundert (zusammen mit dem Andalusier) zu den Stammvätern. Der Salerner selbst lieferte wiederum die Ahnen für die neuen italienischen Reitpferde.

HERKUNFTSLAND: Maremma, Gebiet von Salerno, Italien.
FARBEN: Alle Grundfarben.
GRÖSSE: 163 cm.
KÖRPERBAU: Großer, trockener Kopf; gut geschrägte Schulter; hochstehender Widerrist; sanft abfallende Kruppe und starke Hinterhand; kurze Beine.

BESONDERHEITEN: Edles, erstklassiges Reitpferd.
CHARAKTER: Intelligent, einfühlsam.
VERWENDUNG: Reitpferd, Einkreuzung in andere Rassen.

VORFAHREN

NEAPOLITANER

ANDALUSIER

TARPAN
PONY

Der wildlebende Tarpan ähnelt noch stark den Pferden der Eiszeit. Bis zum Ende des 18. Jahrhunderts waren die Wildpferde durch übermäßige Jagd fast ausgerottet (Tarpanfleisch galt nämlich als Delikatesse), später gelang mit Erfolg eine Nachzüchtung aus engverwandten Nachkömmlingen und domestizierten Tarpanschlägen. Eine kontrollierte Herde lebt heute wieder wild im polnischen Popielno-Reservat.

HERKUNFTSLAND: Polen.
FARBEN: Grau- oder Braunfalbe mit Aalstrich und dunklem Langhaar; gelegentlich Zebrastreifen an den vorderen Extremitäten und an der Innenseite der Oberschenkel. Vielfach aufhellendes Winterfell.
GRÖSSE: 132 cm.
KÖRPERBAU: Langer, breiter Kopf auf kurzem, dickem Hals; schräge Schulter; langer Rücken; schlanke Hinterhand; trockene Extremitäten.
BESONDERHEITEN: Robust und fruchtbar.
CHARAKTER: Eigensinnig, zäh.
VERWENDUNG: Zootier, Forschungsobjekt.

VORFAHREN

MONGOLISCHES
WILDPFERD

ASIAT. WILDPFERD

OSTEUROPA UND ZENTRALASIEN

WIELKOPOLSKI
WARMBLUT

Nachdem ein Teil der Pferde aus dem Gestüt Trakehnen gegen Ende des Zweiten
Weltkriegs in den Westen gebracht wor-
den war, setzte man die Zucht mit den
verbliebenen Tieren zunächst unter den
Bezeichnungen Masure und Posener fort;
beide wurden später zur Wielkopolski-
Rasse zusammengefaßt.

HERKUNFTSLAND: Polen.
FARBEN: Meist Füchse oder
Braune.
GRÖSSE: 163 cm.
KÖRPERBAU: Kleiner Kopf;
kräftiger Hals; gute Gurttiefe; mittellanger Rücken; gut
ausgeprägte Hinterhand,
trockene Beine.

BESONDERHEITEN: Sorgfältig
gezüchtetes Allzweckpferd.
CHARAKTER: Freundlich,
intelligent und aktiv.
VERWENDUNG: Reitpferd,
landwirtschaftliche Arbeit.

VORFAHREN

TRAKEHNER

HANNOVERANER

ENGL. VOLLBLUT

KONIK

POSENER

MASURENPFERD

OSTPREUSSE

SHAGYA-ARABER
WARMBLUT

Der Name stammt von dem Schimmel mit Namen Shagya, der die Rasse begründete. Shagya-Araber wurden durch Kreuzung von arabischen Vollblütern mit einheimischen Rassen zu robusten Pferden für die Kavallerie und zum Ziehen leichter Kutschen gezüchtet.

HERKUNFTSLAND: Ungarn.
FARBEN: Überwiegend Schimmel.
GRÖSSE: 152 cm.
KÖRPERBAU: Arabertyp, jedoch etwas robuster.
BESONDERHEITEN: Zäh, genügsam und aktiv.
CHARAKTER: Intelligent, gutmütig, ausdauernd.
VERWENDUNG: Kavallerie-, Reit- und Kutschpferd.

VORFAHREN

SYRISCHER ARABER

KLADRUBER
WARMBLUT

Das älteste noch tätige Gestüt der Welt (1597 von Kaiser Maximilian II. gegründet) züchtete den Kladruber als prachtvolles Kutschpferd für den kaiserlichen Hof.

HERKUNFTSLAND: Kladrub, Republik Tschechien.
FARBEN: Schimmel (aus dem Gestüt Kladrub) und Rappen (aus dem Gestüt Slatinany).
GRÖSSE: 163–173 cm.
KÖRPERBAU: Andalusischer Typ, mit längerem, konvexem Profil; kräftiger, gewölbter Hals; langer Körper und gerundete Kruppe.
BESONDERHEITEN: Hervorragendes Kutschpferd.
CHARAKTER: Stolz, gehorsam, intelligent, ausgeglichen.
VERWENDUNG: Kutsch- und Reitpferd.

VORFAHREN

ANDALUSIER

ANGLO-NORMÄNNER

HANNOVERANER

OLDENBURGER

ORLOW-TRABER
WARMBLUT

Von den russischen Pferderassen ist der Orlow-Traber wahrscheinlich die bekannteste. Sie entstand im 18. Jahrhundert, als Trabrennen sehr in Mode waren. Im Laufe des 19. Jahrhunderts galt das von Graf Alexius Orlow gezüchtete Pferd als bester Traber der Welt, mußte jedoch später diesen Titel an den American Standardbred abgeben. In neuerer Zeit züchtet man aus Orlow-Trabern und American Standardbred den Russischen Traber.

VORFAHREN

DÄNISCHE RASSEN

ARAB. VOLLBLUT

NIEDERLÄND. RASSEN

ENGL. VOLLBLUT

MECKLENBURGER

NORFOLK-TRABER

HERKUNFTSLAND: Rußland.
FARBEN: Meist Schimmel und Rappen.
GRÖSSE: 154–173 cm.
KÖRPERBAU: Kleiner Kopf; langer Hals, steile Schulter; breite Brust; gute Gurttiefe; langer, gerader Rücken; kräftige Lendengegend und muskulöse Hinterhand; trockene, harte Beine mit etwas Behang.
BESONDERHEITEN: Aktiv und schnell.
CHARAKTER: Dynamisch, mutig.
VERWENDUNG: Traber, Kutsch- und Reitpferd.

ACHAL-TEKKINER
WARMBLUT

Das zentralasiatische Nomadenvolk der Turkmenen ritt auf Achal Tekkinern in die Schlacht, und die Ausdauer und Genügsamkeit dieser Tiere machte sie zu idealen Begleitern für ein Leben in der Steppe. Diese Qualitäten haben sich bis heute erhalten. 1935 legten Achal-Tekkiner eine Entfernung von 4 300 km bis Moskau zurück und durchquerten dabei in drei Tagen ein 360 km langes Wüstengebiet. Der mit dem Achal-Tekkiner engverwandte Iomud ist kompakter und weniger schnell.

VORFAHREN

TURKMENE

HERKUNFTSLAND: Rußland.
FARBEN: Braune und Füchse mit glänzendem Goldton.
GRÖSSE: 144–154 cm.
KÖRPERBAU: Kleiner, eleganter Kopf auf langem, schlankem Hals; hohe, schräge Schulter; langer Rücken; wenig tiefer Rumpf auf hohen Beinen; tiefangesetzter Schweif, feines Langhaar.
BESONDERHEITEN: große Ausdauer, sehr raumgreifende Bewegungen.
CHARAKTER: Mutig draufgängerisch, dabei aber widerspenstig und launisch, schwer im Zaum zu halten.
VERWENDUNG: Reit- und Turnierpferd.

OSTEUROPA UND ZENTRALASIEN

DON-PFERD
WARMBLUT

Als Reittier der Kosaken bewies das Don-Pferd im berüchtigten Winter von 1812 im Kampf gegen die anrückenden napoleonischen Truppen seine Ausdauer. Die Rasse wurde im 19. Jahrhundert durch Einkreuzungen von Turkmenen, Karabach-Pferden und Kabardinern verbessert und ihrerseits zur Veredelung anderer russischer Rassen eingesetzt, etwa des Baschkiren (Schlittenpferd), des Kasachen-Ponys und des Budjonny, dessen Ahnherr ein Don-Pferd war.

VORFAHREN

TURKMENE

KARABACH-PFERD

KABARDINER

ENGL. VOLLBLUT

ORLOW-TRABER

HERKUNFTSLAND: Steppengebiete Rußlands.
FARBEN: Meist Füchse, Braune und Schimmel.
GRÖSSE: 154–165 cm.
KÖRPERBAU: Weit auseinanderstehende Augen; langer Hals; langer, breiter Rücken; starke Hinterhand und lange, trockene Beine.
BESONDERHEITEN: Wendig, genügsam, sehr ausdauernd.
CHARAKTER: Ruhig und zuverlässig.
VERWENDUNG: Reit-, Renn- und Langstreckenpferd.

WLADIMIR-PFERD
KALTBLUT

Diese Rasse entstand Ende des 19. Jahrhunderts in der russischen Provinz Wladimir. Ihre Ahnen sind schwerkalibrige englische und französische Kaltblüter. Das sorgfältig auf Kraft gezüchtete Kaltblut wird für Zugarbeiten und zum Ziehen der Troikas eingesetzt.

HERKUNFTSLAND: Gestüt Wladimir, Rußland.
FARBEN: Alle Grundfarben, aber überwiegend Braune.
GRÖSSE: 163 cm.
KÖRPERBAU: Kleiner Kopf auf langem, starkem Hals; mächtige Schultern; breiter Rumpf mit stämmiger Hinterhand; starke Beine mit Behang.
BESONDERHEITEN: Aktiv, stark.
CHARAKTER: Sanftmütig, aktiv.
VERWENDUNG: Zugpferd.

VORFAHREN

CLEVELAND BAY

SUFFOLK PUNCH

SHIRE HORSE

ARDENNER

PERCHERON

KARABACH-PFERD
WARMBLUT

Seit dem 5. Jahrhundert fließt in den Adern des Karabach-Pferdes turkmenisches, persisches und arabisches Blut. Die Rasse war im 18. Jahrhundert sehr verbreitet. Heute gibt es keine reinrassigen Karabach-Pferde mehr.

HERKUNFTSLAND: Karabach, Aserbeidschan.
FARBEN: Falben, Braune, Füchse mit glänzendem Goldton.
GRÖSSE: 144 cm.
KÖRPERBAU: Kleiner, trockener Kopf; kräftiger Hals; hochstehender Widerrist; kräftiger, kompakter Rumpf mit starker Hinterhand; trockene Extremitäten und harte Hufe; tiefangesetzter Schweif.
BESONDERHEITEN: Energisch und zäh, trittsicher.
CHARAKTER: Ruhig, robust.
VERWENDUNG: Reit- und Rennpferd.

VORFAHREN

PERS. VOLLBLUT

TURKMENE

ARAB. VOLLBLUT

FURIOSO
WARMBLUT

Der Furioso ist ein elegantes und vielseitiges Pferd, das sich besonders als Traber auszeichnet. Weltweit ist es für Trabrennen begehrt. Der Furioso-North-Star-Schlag aus dem Gestüt Mezöhegyes gilt als ungarisches Sportpferd par excellence.

VORFAHREN

ENGL. VOLLBLUT

ARAB. VOLLBLUT

EINHEIM. RASSEN

HERKUNFTSLAND: Ungarn.
FARBEN: Dunkle Farben, oft mit weißen Abzeichen.
GRÖSSE: 163 cm.
KÖRPERBAU: Langer, kräftiger Hals; starke Schultern und kräftiger Rücken, mächtige Hinterhand; tiefangesetzter Schweif.
BESONDERHEITEN: Robust.
CHARAKTER: Intelligent, fügsam.
VERWENDUNG: Wagen- und Rennpferd, Reitpferd für Hindernisrennen.

VORFAHREN

EINHEIM. RASSEN

ARDENNER

PERCHERON

NORIKER

UNGARISCHES WARMBLUT

MURAKÖZI
KALTBLUT

Bis zum Beginn des Zweiten Weltkriegs war der Muraközi die meistverbreitete Rasse in Ungarn. Inzwischen sind die Zahlen jedoch durch die Dezimierung während des Krieges und durch den sinkenden Bedarf stark rückläufig.

HERKUNFTSLAND: Ungarn.
FARBEN: Füchse mit hellem Langhaar.
GRÖSSE: 163 cm.
KÖRPERBAU: Großer Kopf mit konvexem Profil; großkalibrig mit ausgeprägter Senke im Rückenverlauf; mächtige Hinterhand und muskulöse Extremitäten mit leichtem Behang.
BESONDERHEITEN: Stark und aktiv.
CHARAKTER: Willig und sanft.
VERWENDUNG: Zug- und Wirtschaftspferd.

BUDJONNY
WARMBLUT

Diese Rasse züchtete Marschall Budjonny im Armeegestüt Rostow. Hochselektive Zucht führte zu schnellen, ausdauernden Reitpferden und guten Trabern. Durch Rückkreuzung mit Vollblütern entstanden hervorragende Tiere für den Turniersport.

HERKUNFTSLAND: Rußland.
FARBEN: Füchse oder Braune mit Goldschimmer.
GRÖSSE: 154–163 cm.
KÖRPERBAU: Kleiner Kopf; kräftiger Hals; lange, schräge Schulter; starker, kompakter Rumpf; lange, gerundete Kruppe; trockene, harte Extremitäten; tiefangesetzter Schweif.
BESONDERHEITEN: Schnell und ausdauernd.
CHARAKTER: Ruhig, gutmütig, intelligent.
VERWENDUNG: Reitpferd, Wettkämpfe, Hindernisrennen.

VORFAHREN

ENGL. VOLLBLUT

DON-PFERD

KASACHE

TERSKER
WARMBLUT

Der sportliche Tersker, ursprünglich als Geländepferd gezüchtet, wird heute vor allem in Galopprennen gegen andere Araber eingesetzt. Aufgrund ihrer Anmut sind diese Tiere auch als Dressurpferde und im Zirkus sehr beliebt

HERKUNFTSLAND: Stavropol, Kaukasus, Rußland.
FARBEN: Überwiegend Schimmel, aber auch Braune.
GRÖSSE: 152 cm.
KÖRPERBAU: Gerades Profil; tiefe Brust; muskulöse Hinterhand; harte, trockene Extremitäten; hochangesetzter Schweif.
BESONDERHEITEN: Schnell, ausdauernd; besonders schönes Pferd.
CHARAKTER: Sanftmütig, intelligent.

VERWENDUNG: Renn-, Wettkampf- und Zirkuspferd.

VORFAHREN

STRELETZKER-ARABER

KABARDINER

DON-ARABER

SHAGYA-ARABER

ENGL. VOLLBLUT

MITTLERER OSTEN UND AFRIKA

KASPISCHES PONY
PONY

1965 entdeckte man am Südufer des Kaspischen Meeres eine Herde Ponys, die auffallende Ähnlichkeit mit den Pferden auf Wandreliefs in Persepolis hatten, die aus dem 6. und 5. Jahrhundert v. Chr. stammten. Bis dahin hatte man angenommen, daß diese kleinen Pferde, die bereits vor 5000 Jahren in Mesopotamien geritten wurden, ausgestorben seien. Wissenschaftliche Untersuchungen bestätigten jedoch, daß es sich bei den Kaspischen Ponys um ihre direkten Nachfahren handelt.

HERKUNFTSLAND: Iran.
FARBEN: Braune, Dunkelbraune, Füchse, Schimmel.
GRÖSSE: 102–122 cm.
KÖRPERBAU: Arabertypischer Kopf auf langem Hals; schmaler Körper mit kurzem Rücken; trockene Beine; hochangesetzter Schweif.

BESONDERHEITEN: Trittsicher.
CHARAKTER: Freundlich, pfiffig, fügsam.
VERWENDUNG: Reit- und Wagenpony.

VORFAHREN

ASIAT. WILDPFERD

BERBER
WARMBLUT

Der an der Mittelmeerküste Nordafrikas heimische Berber ist das traditionelle Reittier der Beduinenvölker. In dieser Region ist er seit prähistorischer Zeit ansässig. Mauren und Sarazenen brachten bei ihren Eroberungszügen Berberpferde mit nach Europa, wo sie zahlreiche Zuchtlinien begründeten, so etwa den Spanischen Andalusier. Ein Berber gehörte zu den Stammvätern der englischen Vollblüter. Heute gibt es nur noch wenige reinrassige Berber; für die Abrichtung als Reitpferde wurden sie mit arabischen Pferden gekreuzt.

VORFAHREN

EUROPÄISCHE
WILDPFERDRASSEN

HERKUNFTSLAND: Algerien und Marokko.
FARBEN: Braune, Dunkelbraune, Füchse, Rappen und Schimmel.
GRÖSSE: 142–152 cm.
KÖRPERBAU: Langer, trockener Kopf mit geradem Profil; gewölbter Hals; flache Schultern; langer Rücken; lange, harte Extremitäten; tiefangesetzter Schweif.
BESONDERHEITEN: Genügsam und zäh.
CHARAKTER: Temperamentvoll und mutig.
VERWENDUNG: Reitpferd, Einkreuzung in andere Rassen.

MITTLERER OSTEN UND AFRIKA

PERSISCHER ARABER
VOLLBLUT

Dies ist eine der ältesten Araber-Zuchtlinien der Welt. Im Iran ausgegrabene Pferdeknochen beweisen die Anwesenheit der Rasse lange vor der Domestizierung des Pferdes. Seitdem hat sich der Persische Araber nur unwesentlich verändert.

HERKUNFTSLAND: Iran.
FARBEN: Schimmel, Braune.
GRÖSSE: 152 cm.
KÖRPERBAU: Arabertyp, jedoch größer und ohne den typischen Hechtkopf; eleganter, kompakter Körper.
BESONDERHEITEN: Großkalibriger und nicht so robust wie die in der Wüste gezüchteten Araber.
CHARAKTER: Intelligent, lebhaft und freundlich.
VERWENDUNG: Reitpferd, Einkreuzung in andere Rassen.

VORFAHREN

ASIATISCHES WILDPFERD

BASUTO-PONY
PONY

Der direkte Vorfahre des Basuto-Ponys war das Kap-Pferd, eine zähe Rasse, die den Briten in Indien und Südafrika als Kavalleriepferd diente. Tiere, die bei Schlachten im Basutoland abhanden kamen, verwilderten. Sie verloren zwar an Qualität, gewannen dafür aber an Zähigkeit, Mut und Ausdauer.

VORFAHREN

ARAB. VOLLBLUT

BERBER

ENGL. VOLLBLUT

PERS. ARABER

HERKUNFTSLAND: Südafrika.
FARBEN: Füchse, Braune, Dunkelbraune und Schimmel.
GRÖSSE: 144 cm.
KÖRPERBAU: Feiner Kopf auf langem Hals; steile Schulter; langer Rücken; kurze Beine mit harten Hufen.
BESONDERHEITEN: Sehr robust und ausdauernd.
CHARAKTER: Furchtlos.
VERWENDUNG: Reit- und Trekkingpony.

MANIPUR-PONY
PONY

Das Manipur ist ein Polopony par excellence. In Indien verwendete man diese wendigen, schnellen Tiere schon im 7. Jahrhundert für diesen Sport. Die ersten britischen Polospieler ritten ebenfalls noch Manipur-Ponys. Die Tiere wurden inzwischen durch größere, schnellere Pferde verdrängt.

HERKUNFTSLAND: Indien.
FARBEN: Fast alle Farben.
GRÖSSE: 112–132 cm.
KÖRPERBAU: Langer Kopf mit breitem Maul; tiefe Brust; breiter, tiefer Rumpf auf harten, trockenen Extremitäten; hochangesetzter Schweif.
BESONDERHEITEN: Schnell und wendig.
CHARAKTER: Anpassungsfähig, lebhaft.
VERWENDUNG: Reit- und Polopony, Kavallerie.

VORFAHREN

MONGOLISCHES WILDPFERD

ARAB. VOLLBLUT

BURMA-PONY
PONY

Burma-Ponys werden seit Jahrhunderten von den Shan-Völkern im Hügelland von Ostburma gezüchtet und deshalb gelegentlich auch als Shan-Ponys bezeichnet. Diese größere Version des Manipur-Ponys ist aufgrund seiner Kraft ein gutes Wirtschaftspony. Versuche der Briten, die Tiere als Poloponys auszubilden, schlugen jedoch fehl.

HERKUNFTSLAND: Burma.
FARBEN: Alle Farben.
GRÖSSE: 132 cm.
KÖRPERBAU: Ähnlich wie Manipur-Pony, jedoch größer.
BESONDERHEITEN: Starkes Bergpony, aktiv.
CHARAKTER: Anpassungsfähig.
VERWENDUNG: Allzweck-Wirtschaftspony.

VORFAHREN

MONGOLISCHES WILDPFERD

ARAB. VOLLBLUT

AUSTRALIAN STOCK HORSE
WARMBLUT

Die bis 1971 Waler genannte Rasse entstand aus südafrikanischen Beständen durch Einkreuzung von Vollblütern. Das robuste, agile Pferd diente als Wirtschaftspferd auf den Rinderfarmen. Die Briten setzten es auch in Indien als Kavalleriepferd ein.

HERKUNFTSLAND: Neusüdwales, Australien.
FARBEN: Alle Farben.
GRÖSSE: 163 cm.
KÖRPERBAU: Unterschiedlich, generell Vollbluttyp mit ausdrucksvollem Kopf, guter Gurttiefe, kräftigem Rücken und ausgeprägter Hinterhand.
BESONDERHEITEN: Robust, starke Konstitution, agil.
CHARAKTER: Willig und wendig, zuverlässiges Arbeitstier.
VERWENDUNG: Hüte-, Rodeopferd, Reit- und Turnierpferd.

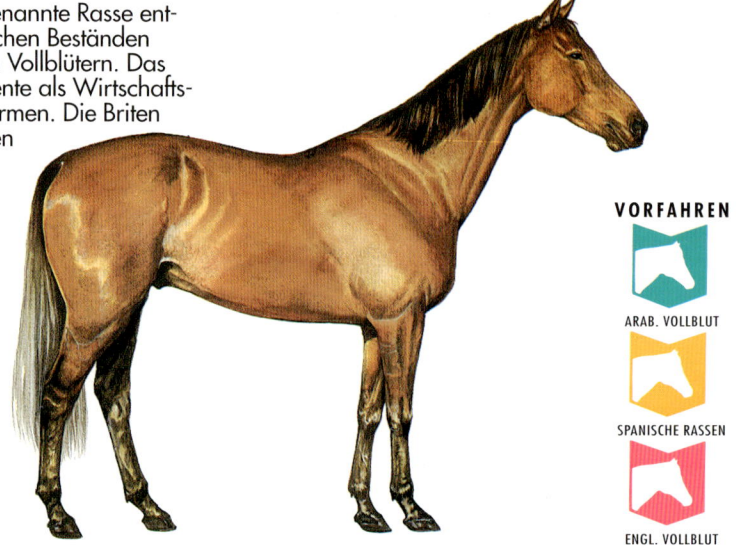

VORFAHREN

ARAB. VOLLBLUT

SPANISCHE RASSEN

ENGL. VOLLBLUT

SUMBA-PONY
PONY

Dieses Pony ist auf einer Insel im Osten Indonesiens heimisch und als »Tanzpony« bekannt. Es wird ohne Sattel geritten und tanzt, an den Sprunggelenken mit Glöckchen behängt, zu einer Trommel. Sehr ähnlich ist ihm das Sumbawa-Pony.

HERKUNFTSLAND: Sumba, Indonesien.
FARBEN: Falben mit Aalstrich und dunklen Abzeichen.
GRÖSSE: 124 cm.
KÖRPERBAU: Urtümlicher Ponytyp mit schwerem Kopf, Stehmähne und spärlichem Schweifhaar.
BESONDERHEITEN: Wird auch als Tanzpony verwendet.
CHARAKTER: Willig, intelligent und zäh.
VERWENDUNG: Tanzpony, Allzweck-Arbeitspony.

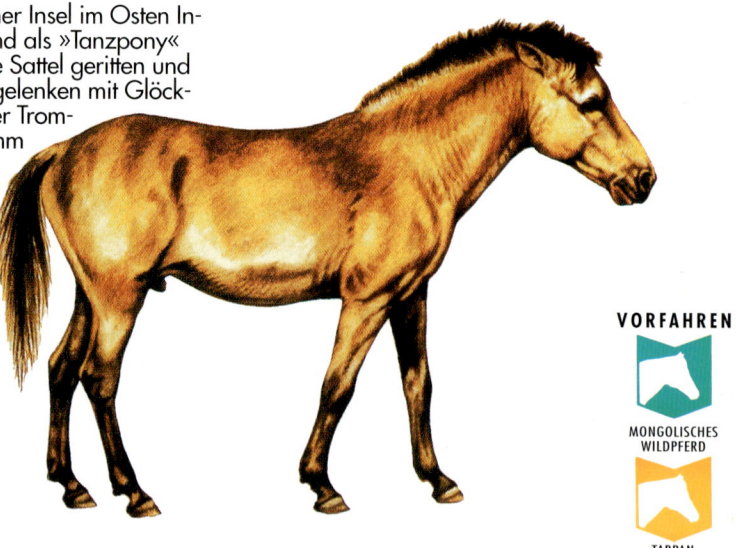

VORFAHREN

MONGOLISCHES WILDPFERD

TARPAN

AUSTRALISCHES PONY
PONY

Die Grundlage für diese elegante kleine Ponyrasse waren arabische Vollblüter, die mit Welsh Mountain Ponys gekreuzt wurden, deren berühmtester Vertreter der 1911 importierte Grey Light war. 1929 wurde das Pony als spezieller Typus anerkannt, und man eröffnete das Stutbuch.

VORFAHREN

ARAB. VOLLBLUT

WELSH PONY

EXMOOR-PONY

SHETLAND-PONY

ENGL. VOLLBLUT

TIMOR-PONY

HERKUNFTSLAND: Australien.
FARBEN: Alle Farben.
GRÖSSE: 122–142 cm.
KÖRPERBAU: Kopf wie beim Araber; länglicher Hals; schräge Schulter; gute Gurttiefe; kurzer Rücken; kräftige Hinterhand; kurze Extremitäten mit harten Hufen; hochangesetzter Schweif.

BESONDERHEITEN: Elegant, dabei jedoch ausdauernd und sportlich.
CHARAKTER: Intelligent und lebhaft.
VERWENDUNG: Reitpony für Kinder.

ASIEN UND OZEANIEN

BRUMBY
WARMBLUT

Der Brumby ist ein australisches Busch-
pferd und stammt von Reit- und Saum-
pferden ab, die nach dem Goldrausch
vor über 100 Jahren freigelassen wurden.
»Brumby Runners« treiben die Pferde zusammen, sondern min-
derwertige Tiere aus und
verkaufen die besten als
Gebrauchspferde.

HERKUNFTSLAND: Australien.
FARBEN: Fast alle Farben.
GRÖSSE: Unterschiedlich.
KÖRPERBAU: Unterschiedlich.
BESONDERHEITEN: Zäh und
anpassungsfähig.
CHARAKTER: Wachsam,
tückisch und intelligent.
VERWENDUNG: Für die mei-
sten Zwecke nicht zähmbar.

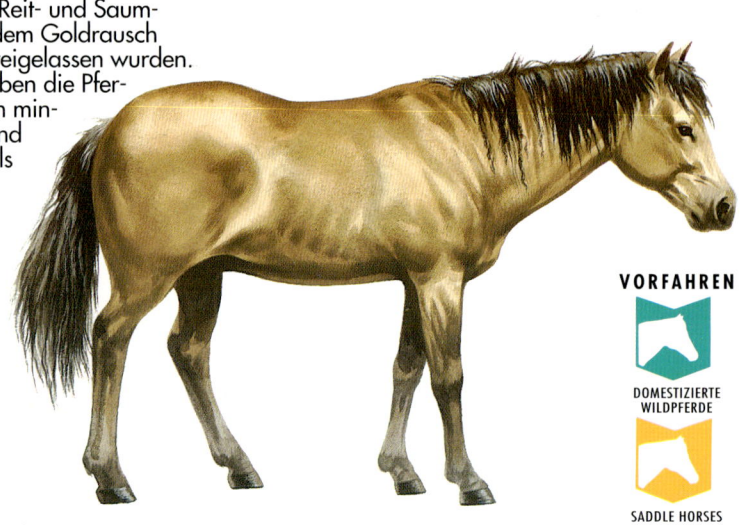

VORFAHREN

DOMESTIZIERTE
WILDPFERDE

SADDLE HORSES

JAVA-PONY
PONY

In seiner Heimat Java zieht dieses Pony
den Sado, ein zweirädriges Taxi. Im Laufe
der Jahrhunderte hat es sich an die harte
Arbeit im tropischen Klima angepaßt. Auf
anderen Inseln des indonesischen Archi-
pels finden sich ähnliche Rassen, so etwa
das Timor (ein zierliches, sehr intelligentes
Pony), das Bali (eine urtümliche Rasse,
die als Packtier verwendet wird), die
Batak- und Gayok-Ponys auf Su-
matra und das schnelle Sandel-
holzpony von der Insel Sumba.

HERKUNFTSLAND: Java.
FARBEN: Fast alle Farben.
GRÖSSE: 124 cm.
KÖRPERBAU: Schlankgebau-
ter Ponytyp, jedoch kräftig.
BESONDERHEITEN: Stark,
kaum ermüdbar.
CHARAKTER: Willig.
VERWENDUNG: Kutschpony,
Allzweck-Arbeitspony.

VORFAHREN

TARPAN

ASIAT. WILDPFERD

MONGOLISCHES WILDFFERD
PONY

Dieses Pony ist das einzige noch existierende echte Wildpferd. Nach neuesten Erkenntnissen stellt es eine der vier Grundrassen dar, von denen alle domestizierten Pferde abstammen. 1881 wurde es am Westrand der Wüste Gobi von Oberst Nikolai Przewalskij entdeckt, nach dem das Pony auch »Przewalskij-Pferd« genannt wird. Seit der Eiszeit hat es sich aufgrund seiner abgeschiedenen Heimat und des wilden Temperaments der Hengste nur sehr wenig verändert. Die freilebenden Tiere sind heute noch immer vom Aussterben bedroht, obwohl viele Exemplare in Zoos gehalten werden. In Rußland und China bemüht sich der Staat um eine Erhaltung der Rasse.

HERKUNFTSLAND: Mongolei.
FARBEN: Falben, mit Eselsmaul, Aalstrich und Zebrastreifen an den Extremitäten.
GRÖSSE: 122–142 cm.
KÖRPERBAU: Ponytyp mit großem Kopf, steiler Schulter; breiter, kurzer Rumpf mit mäßig ausgeprägter Hinterhand; kräftige Extremitäten mit kurzen Röhrenknochen; kurze Stehmähne.
BESONDERHEITEN: Robust und genügsam, sehr ausdauernd, über kurze Entfernungen schnell.
CHARAKTER: Scheu und aggressiv, mutig.
VERWENDUNG: Wildlebend, teilweise im Zoo anzutreffen.

VORFAHREN

AUSLÄND. RASSEN

ASIAT. WILDPFERD

REGISTER